AQUARIUS

AQUARIUS

AQUARIUS

AQUARIUS

Catcher

一如《麥田捕手》的主角，
我們站在危險的崖邊，
抓住每一個跑向懸崖的孩子。
Catcher，是對孩子的一生守護。

心念

25堂從情緒引導學習的內在課程

李崇建
辜筱茜◎繪

獻給

我的父親 李浩，
我生命中最重要的導師。
也獻給他的五個孫兒：
李孝宣、李沛羽、許三三、許川川、許一一。

各界專家．全省教師，
齊聲推薦！

（按姓名筆畫順序排列）

王美玲（台中曉明女中輔導主任）

在阿建老師的書中，孩子們看見自己在黑暗中的身影；同時，也看見微光！這微光，讓孩子們得到溫暖與希望，讓他們感到被同理與接納，也擁有向前走的能量！

王政忠（南投縣爽文國中教師、作家）

我在青少年堆裡混了二十年，從他們身上我學到最棒的一件事情是：你得先聽見，然後你才會真正看見。這樣棒的學習收穫，是因為過去的我，或者說一開始的我，總是先看見，然後有效率地給出我的成功經驗，很多年過去，我才在跌跌撞撞中慢慢學會，如果沒有先聽見，就不會真正的看見——老師或學生，都不會真正看見。阿建的書，看起來像在「說」，事實上，他一直在聽。誠摯推薦給大家。

王建宇（南投市佳音英語班主任）

在崇建老師的這本書，體悟了當年徬徨無助的自己，其實是如此地幸運，才能從不斷質疑與挫敗中走出來，原來就是那微弱但不曾熄滅的心念推動著我。以致現今從事教育志業時，竭盡所能地希望陪伴這些孩子，就算只是緩緩輕拍孩子的肩膀，也因同理的心靈頻率，而在孩子臉上觀察到肌肉紋理的緩和，達成彼此間不須言語的交流。

王醒之（草根社運工作者）

其實，你我心中都有隻獨一無二的長耳兔，日以繼夜被各種不同的外在標準審查著。當長耳兔與焦慮恐懼共舞時，崇建的每一封信，足以讓人安身立命、心寧致遠地朝向自我解放的實踐。

李啟嘉（基隆安樂高中國文教師）

在阿建對長耳兔的訴說中，在每一個觸動的地方，我重新理解自己。因為理解自己，所以理解對方。在理解對方的同時，覺得撥開原本粗礪、警戒的界線，世界比自己原先想像的柔軟得多。

李卓恩（金門縣中正國小教師）

與崇建老師四目交接時，有被看透的激動。眼淚不由自主的流下，卻沒有羞愧的焦慮，只有「他會懂我」的歡喜……讀著長耳兔的對話，我彷彿又看到那雙眼眸，透過一字一句將「支持自己」深入心坎，好痛，卻好舒暢……然後，我懂了。我等待的不只是「終於世界上有阿建跟我好多想法一樣」，更是迎接了「自己原諒自己」、「自己鼓舞自己」的內在力量。好強大……以此書致對自己陌生的你。

何佩玲（大愛電視台主持人）

本書內容雖然是常被討論的議題，但崇建透過書信的方式，讓所謂的老生常談，有了令人感動的溫度，這樣的溫度傳達了愛，讓人有繼續堅持的力量！這份力量曾支撐了我，也希望能與您分享。

周志建（故事療癒作家、敘事私塾主持人）

「唯有自己生病過的醫生，才能真正幫助到病人」。

很感動崇建用自己的生命故事，與孩子連結。這樣的教育，是名符其實的「生命教育」。從事心理教育多年，我知道一件事：**只有生命可以抵達另一個人的生命。**

這本書，他透過「寫信、說自己故事」的方式，靠近孩子、陪伴孩子。這樣的陪伴，充滿療癒。過去，他所受的苦，如今，成為他幫助孩子內心強大的最大養分。過去，大人給不了他的愛，現在，他願意無條件全心全意付出去給孩子。這樣的愛，如此真切，叫我感動。

我常說：**教育，其實就是在做「回應」的工作**。「以真引真」，如何以真誠的生命去回應孩子？請你看看這本書，你會跟我一樣，有著深切的體悟與感動。

林淑娟（台北市南湖高中國文老師）

給長耳兔的信裡沒有嚴肅的教條，只有一則則成長的故事，引領著成就感低落、內心沮喪憤怒的孩子，以及親子關係緊張、對教養感到無力的家長們，從「心」出發，開始改變。「心」的學習，就從閱讀這本書開始——「改變」。

林佩芬（台中市立大墩國中家長會副會長）

去年，為了跟一位我認輔的孩子開啟更多的話題，我選讀了崇建二〇〇六年的著作《給長耳兔的36封信》。透過書中充滿畫面、貼近生活，卻蘊藏著無比溫暖與力量的文字，孩子很快的找到重新出發的能量。很開心，在十年後，崇建又給長耳兔寫信了。雖然這一次只寫了25封信，但卻是完全沒有重複的25個話題。相信藉著崇建親切、真誠的文字，與一些較為具體的方法，我們更能輕鬆、愉快的面對生活中的種種壓力了！

林秋萍（台中市大明高中國文老師）

崇建老師是把我的生命帶進「平靜」領域的朋友，他這本書更可以引導、安頓更多迷惘、躁動不安的年輕心靈。他的文字不說教也不直接給答案，他喜用提問的語氣，邀請讀者共同思考，再藉由故事去看見自己的狀態，找到自身生命的力量。

林淑鈴（台中市賴厝國小教師）

阿建老師透過寫給長耳兔的信，誠摯的與讀者分享他在成長歷程中，如何面對各種生活困頓與挫折，順利走出屬於自己美好人生的方法。每封信中都有一則相對應的故事，讓讀者在故事裡看見學習的方向，獲得前進的動力，更重要的是，學會接納自己並肯定自己的價值。

張輝誠（中山女高國文教師、學思達發起人、作家）

〈如果早一點知道就好了〉

如果小時候，就有人、有像這本書一樣，教導我學習如何察覺、認清、處理、安頓自己的內在狀態，或許我就不會變成一個自卑又自大、語言充滿攻擊性的人。——所以，我讀這本書時時提醒著自己，並且及早地教給我的小孩。

張育愷（台中大甲高中輔導室老師）

閱讀完崇建老師的新書，對於「如父」般的口吻感到溫暖。他試著，教我們如何在跌倒時，去收拾那一地的殘破，教你用一些簡單的方法，也許，當你……的時候，呼吸、放鬆、聽音樂，找到改變景況的「那朵山茶花」，插在一片敗落中，讓你心中有一道光，照亮闇而不見的角落。

陳心怡（芝麻街美語神岡分校教學組長）

每次閱讀阿建老師的著作，以及與阿建老師對話，都深深觸動著我……這本書更是給我如此的感覺，相信此書能為更多人帶來希望。

陳雅慧（台中市何厝國小輔導主任）

阿建老師總是信手拈來，就能說出一個個令人如癡如醉、欲罷不能的故事。深深覺得能有這本書陪伴的孩子是幸福的，此書不只適合孩子，更推薦給各年齡層想要讓自己更好的長耳兔收藏。（已經如獲至寶、貪心的看了好幾遍的非少年長耳兔）

陳淑君（彰化高中專任輔導教師）

本書以淺顯易懂書信往返的互動方式，為青少年真實存在生命中的困境解惑。篇篇讀來令我感動不已，身為中學輔導教師近十七年，曾經想以「情緒」為主題向青少年們述說如何走過青春，看到阿建老師已經整理出如此棒的生命題材，篇篇命中年輕生命的真實需要，我會把它當成禮物送給正在人生困頓中的學生們，即使目前走得順遂，這本書也會是生命成長最棒的維他命。

許童欣（豐東國中教師、台中市國文科輔導團輔導員）

初見阿建老師是在南投的講座上，當他為我在《給長耳兔的36封信》一書上簽名並留下勉勵的一句：「陪孩子一段！」我能感受他對於青春生命的用心，更體悟到「陪伴」對於懵懂而迷惘的孩子是如何的重要！

梁慧茵（霧峰新弘明幼兒園園長）

年少的我也是長耳兔，當時若有阿建老師的書信啟發，必能集中成長動能，減少心靈折磨的耗損。從本書體見深厚的慈悲心：阿建老師藉由分享生命經驗，撥動長耳兔心中被層層失落灰燼覆蓋的火苗，讓他看見自己的正向資源，重燃生命熱力。

黃美玲（南投縣草屯國中校長）

阿建以過來人自身的經歷，面對讀者侃侃而談，以柔軟不說教的故事敘述，提供讀者跨越困境的建議，讓年輕人徬徨無助時內心得到同理，並生成另一股安心等待破繭的力量，讓躁動的心得以安頓，是值得年輕人收集的枕邊書。

黃尹歆（高雄福山國中專任教師）

「少年崇建」彷若現實中那些渾渾噩噩的孩子們，若能讓他們在書裡與長大的「阿建」相遇，接受邀請：學會傾聽自己，了解困境是禮物……就像飛行員在沙漠遇到小王子後學到了人生真正重要的事，阿建就是小王子。

楊月玲（台中曉明女中愛心工作隊隊長）

《給長耳兔的36封信》曾是我和孩子間的共同話題。《心念》也是透過書信方式將故事娓娓道來，觸發出讀者對生命的感動，讓彼此的心靈有所連結，真心真情的故事是最動聽的，讀了它，心中滿是感動，回味無窮。它不僅適合成長中的青少年閱讀，也為成長中孩子提供關於生命分享、困惑的解答、給予正向的能量……等；也值得家長們細細品讀，讓我們能陪伴孩子獲得親子間最深層的心靈交流。

楊恩慈（彰化縣三民國小校長）

「在困境中淬鍊智慧」

讀崇建老師的文字，總能照見真實的自己。

我的成長背景，和崇建老師迥然不同。中產階級的家庭，提供了不虞匱乏的經濟環境；一路平順的求學過程，讓我認為「只要肯努力，沒有什麼是做不到的」；甚至在廿歲之前，我以為每個家庭都是和樂融融，因為我的父母，從未在子女的面前爭吵……直到成為老師，我的生命闖入許多無助、脆弱、傷痕累累的學生。很多時候，我的成長經驗幫不了他們；更多時候，我的建議沒有辦法為他們解決問題。所以，在師生緣分結束的時候，我只能用悲憫的眼神看著他們消失在目光的盡頭……

隨著年紀漸長，我發現自己的順境，只是因為自己習慣選擇對我有利的道路，避開了自己的劣勢。和挑戰直面相對時，我卻往往裹足不前，希望可以逃避可預見的「輸」，永遠躲在過去的「贏」裡面。我自以為的「順境」，其實是「假象」。

在順境中成長的我，看似占盡優勢，卻失去了從劣勢及困境中提煉智慧的機會；在「困境」面前的我，無能為力，既無法應對，也無法幫助「身陷困境」的人。

原來，我也是崇建老師眼中，一隻「只想求勝」、「怕輸」的長耳兔，錯失了人生最珍貴的，從「輸」裡學到的東西。

崇建老師在這本書中提到：「處於劣勢讓人想方設法生存，處於優勢讓人理所當然。」人類的發展，就是從劣勢中成長、在困境中找出路的歷程。各行各業的傑出人士，幾乎都是從困境中學會生存、淬鍊出智慧，最終得到成功的果實。

也許，你也是一隻長耳兔；也許，你想幫助身邊的長耳兔……那麼，走入這本書吧！裡面有具體的方法，引導你如何在困境中，淬鍊出面對難關的智慧；書中崇建老師的文字，如同一抹溫柔的微光，將為你照亮生命黑暗的角落。

葉丙成（台大電機系教授、MOOC 執行長）

崇建透過動人的故事啟迪，輔以自己的人生映照，種種深刻的人生道理，頓時在孩子面前變得如此明朗易懂！書中字句之間，滿滿溫情，處處智慧，是崇建又一本打動人心的好書！

溫美玉（台南大學附設小學專任教師、作家）

崇建在這本書中，引領著我們刨根究柢，直指困境的核心，再如微風般回眸過往風景，輕輕滑落的淚滴，閃耀的是再生的勇氣。

董書攸（高雄市教師職業工會理事長）

一本應該停頓卻無法輕易停下，值得反覆閱讀的經典小品。難過的阿建、怕輸的阿建、負責的阿建、永不放棄的阿建、每個阿建都和讀者建立了強大的心靈連結——在創造力無上限的阿建與長耳兔的書信中，我們可以深刻感受到阿建細膩溫暖的內心世界。

廖真華（台北市真誠文理補習班美語部主任）

從《心念》這本書，我很謝謝崇建，啟發我理解和尊重孩子的重要，不需要複雜的步驟，只要用包容的態度傾聽孩子的聲音，用謙和的語言訴說就足夠了。

廖偉志（台南市國立後壁高中生活輔導組組長）

每個人心中的長耳兔——多久沒有和自己對話，沒有和孩子們真真切切的分享呢？我們是否認真的跟孩子們介紹過外面的世界？我們是否認真的帶孩子們探索過內在的世界？在這本書裡，你會找到答案。

盧進坤（彰化縣溪湖佳音英語主任）

看完《長耳兔的36封信》後，觸悟許多，心裡暗盼續集。終於又一本淺顯易懂，但發人深省的故事出版了，深深碰觸讀者的心靈，值得青少年、家長及關心當今教育的人士閱讀。

鍾滋穗（高雄林園高中圖書館教師）

看了每一篇的標題，想起身邊自卑、迷惘、逃避責任的青少年學生，都讓我陷入深沉的愁；但讀完每一篇，卻總能讓我從愁裡找到原因及幫助學生的方向。

很深刻、很震撼、很適合所有青年朋友及教師閱讀的書。

蘇明進「老ㄙㄨ老師」（台中市大元國小教師、作家）

讀著阿建老師這些文字，不禁內心微微顫抖，一字一句傳來勇氣與力量。

阿建老師用那些幽暗、困頓的成長經驗，寫出對青少年的同理，釋放了他們內心的恐懼，更帶給他們對生命更多正向的期待。

這一本好書，我想推薦給每一位正走在追尋自我之路的孩子！

石玉潔（桃園市中壢國中主任）

李志慶（南投竹山國中校長）

吳美枝（嘉義縣民雄國中專任教師、嘉義縣國教輔導團綜合活動領域主任輔導員）

吳嘉惠（桃園市西門國民小學輔導組長）

周慧怡（桃園市中壢國中主任）

林　立（苗栗縣卓蘭實中輔導主任）

林先文（台中市大明國小輔導室資料組長）

林玉萍（北港高中實習組長）

林瑞錫（桃園市忠貞國小校長、桃園市國教輔導團國小總召集校長）

林桂鳳（桃園楊梅高中校長）

邱仕彬（台中市北屯國小教師）

姜吟芳（桃園市忠貞國小教師）

高德生（桃園市大崙國小校長、桃園市國教輔導團國小自然領域召集校長）

唐振耀（嘉義市私立東吳高級工業家事職業學校訓育組長）

郭至和（台中市建功國小教師、台中市教師職業工會專業發展中心執行長）

張演中（台中市后綜高中輔導主任）

張馨怡（新竹市內湖國中圖書館閱讀推動教師）

許慧貞（花蓮市明義國小閱讀推動教師 新象繪本館館長）

陳麗捐（桃園龍潭國中校長）

陳秀如（桃園楊梅高中輔導主任）

莊璧華（新北市三和國中輔導主任）

曾明鴻（澎湖國立馬公高中專任教師）

黃大倫（馬祖東引國中小英語專任老師）

黃開成（國立新竹高商校長）

賀彩利（桃園市教育局督學室候用校長）

楊惠如（台東寶桑國中專任教師）

歐綉玲（苗栗國中輔導組長）

黎立夫（新竹縣六家國小教師）

劉雋迪（金門高中專任教師）

劉怡君（南投竹山國中輔導組長）

劉瓊華（台中市大雅國小專任教師）

鄭鈺清（屏東縣教育處特教科特教資源中心支援教師）

蔡淑媖（中華民國兒童文學學會祕書長、書香協會創辦夥伴）

蔡瀞慧（台東高級商業職業學校專任教師）

蔡孟峰（雲林國立北港高中校長）

蔡澤興（新竹女中實驗研究組長）

謝玉娟（雲林國立北港高級中學圖書館主任）

薛靜瑩（台中女中教師會理事長）

羅弘維（宜蘭南澳高中專任教師）

羅新炎（桃園市中壢國中校長、桃園市國教輔導團國中總召集校長）

【自序】陪孩子安頓生命

二〇〇五年我做了一個決定，放棄一份六萬月薪的收入，也放棄讓我伸展自如的舞台，那是一份體制外的教職。當時我渴望改變，內在想要做些什麼，但是我並不知道能做什麼。我已經四十歲了，四十歲的人還能做什麼？但是我很強烈地相信，一定可以好好過日子，並願意為自己生命負責，因此我選擇離開了。

我在體制外學校七年，從一個沒有理念的素人，到一個有想法的老師，孩子們給我許多啟發。我是一個孤僻的人，不喜歡和人們相處，年輕教書僅是為了餬口，但是在學校的最後兩年，我每星期都寫七封信，分別給我的七個學生，他們即使與我朝夕相處，仍渴望拿到我的信，那可算是《給長耳兔的36封信》的前身。

透過文字的表達，我和孩子們聊生活、方向、困頓與理想，讓他們感到溫暖與力量。因此二〇〇六年，我和辜筱茜合作，創作《給長耳兔的36封信》，只是想透過一封又一封的信，和孩子們聊一聊，說說人生的故事，這麼簡單的想法，竟蒙寶瓶的朱亞君應允，願意出版這本小書，若不是她願意冒險，也許我不會成為一位作家。當時我心裡暗下決定，若是《給長耳兔的36封信》能銷售某個數量，我便再次寫續集吧！十年來《給長耳兔的36封信》緩緩銷售，已雙倍於心中期許的數字。

我決定延續著長耳兔的構想，與辜筱茜合作第二本創作，此時的她已經成年了，成為一位專業的畫家，仍然擁有純真美麗的心靈。這一次我想注入的心念，仍舊是和青少年聊聊心事，但是卻更直接表達我的意圖：期望孩子擁有正向的心念、懂得吃苦、忍受挫折、不要怕輸、擁有創造力、懂得負責任、懂得旅行、深入閱讀……這些人們耳熟能詳的德行，我視為品格教育、生命教育的一部分。

然而，如何才能讓青少年聽得進去？並且擁有力量面對世界？願意勇敢的為自己負責任？我為此著墨很長的一段時間。

因此我決定提供具體方法，讓看文章有所啟發的讀者，懂得如何面對壓力，如何面對憤怒、難過與害怕！讓沒有目標的孩子，懂得如何面對自己的生命；讓功課已經落後太多，提不起勁兒讀書的孩子，如何不再自責，願意為自己負起責任。

我常覺得面對孩子的問題，若沒有問題意識，就不容易幫助孩子。比如當孩子不專注，不是告訴孩子：「要專心！」當孩子很害怕，不是告訴孩子：「不要害怕！」也不是給孩子不當的建議：「把台下的人當西瓜！」也不是給予孩子反效果的鼓勵：「你要相信自己！一定可以的！」當孩子提不起勁兒認真，不是跟孩子說：「你要認真一點兒！」……大人給予的意見，孩子其實都明白，因此我在書中，也展現我如何看待問題，如何邀請孩子面對問題。

我的成長之路並不順遂，一路跌跌撞撞走過來，每次到學校分享成長經驗，不少孩子熱情地前來回饋，尤其是聽見我沉迷電玩、毫無目標、功課墮落、內在憤怒、孤單沮喪，來自單親家庭的部分。我發現這些經驗的分享，能給予某些孩子接納感，也更坦誠勇敢地面對自己，我因此透過此書分享過去，也分享如何慢慢走上來的歷程。

這些年來我帶領不少孩子，陪伴他們談話、讀書、靜心與安頓生命，不少人問我具體的方法，除了影響我最深的薩提爾模式，還有一些簡便的工具，我在書中具體羅列出來了，也提供給有心的成人參考，期望對讀者有幫助。

目 錄

contents

目錄

contents

【序曲】

長耳兔的信：走進你心房

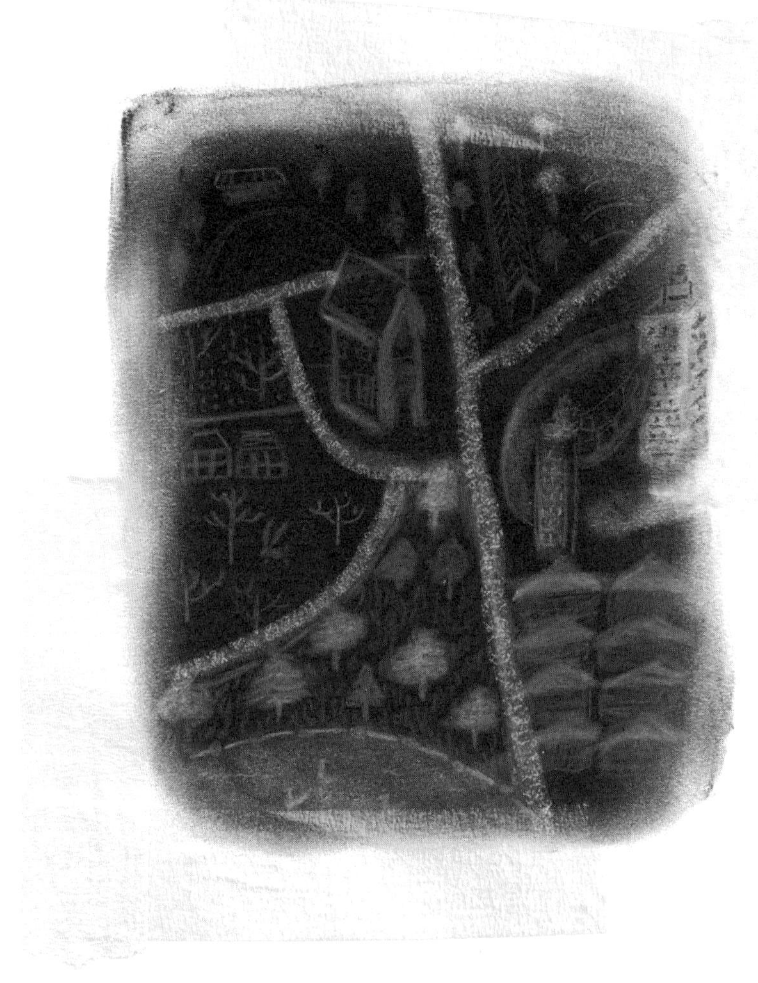

1. 從前，有一隻小兔子在各地旅行。
他走過許多地方，經歷了很多故事。

他順著心裡的聲音，來到一個充滿變化的都市裡。
在車水馬龍的都市中，他看見自己和以前不一樣，多了許多勇敢，也多了力量。

2. 在都市裡，實在很難找到一個適合的落腳處。

但幸運地，他遇見了一位邀請去她家作客的女生。

他心想，自己該不會跟爸爸年輕時一樣，
在路上遇見時髦的女生，然後開始一連串自我探索的人生吧！

3. 喔！這個女生的家好大，但卻沒有其他人，感覺有點冷冰。

小兔子好奇地到處參觀，牆上有許多合照。

4. 他們是誰啊？

5. 她沒有回答，只是掉眼淚。

6. 「淹水了，抱我起來！妳的眼淚太多啦！」兔子說。

7. 他們是我的家人。

但自從他們離開了以後，我的心就好像失去什麼一樣。

8. 好溫暖。

9. 你讓我感到好平靜。

10. 咦？你們都來了？

11. 嘿，小兔子，我遇見他們了！

12. 就在我心裡。

自認「不如人」的長耳兔：

你覺得自己不夠聰明，長得不夠好看，各方面條件不夠好……覺得自己不如人。這種感覺很沮喪，既無奈又無望！這感覺我並不陌生，彷彿纏繞在洶湧的海潮中，無法擺脫開來。

因為我也常覺得自己不如人。這種想法在三十三歲以前充滿我心靈，一段時間就闖進我腦海，讓我感受到煩躁、苦悶、徬徨與沮喪，特別是在我遭遇挫敗的時刻。

我的學生時代，課業成績很差勁，常覺得自己很笨！數學就是聽不懂，英文就是背不起來，沒有任何拿手的科目。不只學業成績，我的體育也不行，更沒有任何才藝，個子矮小且其貌不揚。更重要的是，我無法專注，也沒有意志力。

我耗去五年的時光，連滾帶爬才考上大學。

大學畢業之後，我沒有好的工作，沒有足夠的金錢，也沒有好的運氣。只有不斷增長的年齡，還有一顆徬徨的心靈。

我什麼都不如人。

長耳兔，那種「不如」的感覺，真是糟透了！

我聽到不少安慰：起碼你還年輕，有無限希望；很多建議：去找自己超越別人的地方；很多鼓勵：那就再加油一點兒；當然也有風涼話：下輩子投個好胎吧！更有嘲諷的話：誰叫你不努力。

這些話對我都沒有幫助。

當我被「不如」的感覺淹沒時，完全無法看見自己的「如」，甚至會否認自己的「如」。那種感覺，像是陷入泥沼裡，無法使用自己的力量。

說一個很多人看過的小故事。

這個故事也被人以影片的方式，在**YouTube**廣為流傳。

Change your words

街景應是歐洲街頭，一位盲人坐在階梯前，手中拿著一張紙板，上頭寫著兩行字：「**I'M BLIND. PLEASE HELP.**」（我是盲人，請幫助我。）；盲人身邊放著一個乞討的鐵罐子。

來往的行人本就不多，即使行人經過他，也鮮少有人施捨金錢。偶爾有個人施捨一枚硬幣，盲人忙著聽音辨位，伸手將硬幣拾回來。

街頭這位盲人，因為眼睛盲了，條件本就不如人。

但是這位盲人，遇見了他的貴人。

一位女士經過他身邊，又折返回來，她不是丟錢給盲人，而是將寫著「**I' M BLIND. PLEASE HELP.**」的紙板翻過來，拿出麥克筆在板子上寫下幾個字。

盲人摸摸女士高跟鞋，知道是位女士停下腳步，但不知道她在小紙板上寫了什麼。女士寫完字，將小紙板放回盲人手邊，隨即離開了。

盲人的命運被改變了。

經過的行人彎下腰，將銅板丟在盲人面前。盲人顫抖著雙手，忙不迭地整理前方的零錢。

那位女士在紙板上寫了什麼？

「**IT' S A BEAUTIFUL DAY AND I CAN' T SEE IT.**」（這是個美好的日子，而我卻看不見。）

長耳兔，若是你看到這不同的兩句話，會有什麼感覺呢？也許在憑空想像，感覺並不強大，但是讓我們閉眼深呼吸，來一場深入想像：自己走在歐洲的街道，美好的陽光落在美麗的建築，一位拿著紙牌的盲者……

我曾經看過銷售員，販賣同一種產品，使用不同的字句，就產生不同的結果，原來語言的力量是強大的。

影片最後，寫著兩行字：

「**Change your words.**」

「**Change your world.**」

我想邀請你改變的，就是生命中的某個「字」，這個字便是「不如」。當這個字充滿心靈，心中往往不會有力量，常會朝向沮喪、無助，甚至出現放棄的念頭。

「不如」就像「**I' M BLIND. PLEASE HELP.**」，只是一個乞憐的句子，能獲得的回饋少之又少。

然而，如何將「**I' M BLIND. PLEASE HELP.**」改變成「**IT' S A BEAUTIFUL DAY AND I CAN' T SEE IT.**」呢？這牽涉對生命的體悟，但是我們一起來試試看，因為朝向更好的人生邁進，應是大多數人的目標。

Change your world

我的學生時代無力感放大，教室內的功課總是聽不懂，教室外也找不到自己的價值感，那是一段漫長而苦悶的歲月。

我偶爾回憶過去，看見自己的身影：在教室裡發著呆，下了課後很孤單，放學趕去補習班恍惚，懊惱自己浪費時光，回到家感嘆一天又糊塗……我的國中課業差勁，校長告誡同在學校教書的父親：「自己的孩子都教不好，怎麼有資格教學生？」父親因而將我轉學了，我內心無比憤怒，但也感到沮喪與無望。轉學後也不會轉好，我曾因為物理不及格，被老師當眾剃光頭，老師若將我頭髮剪光也好呀！但他象徵性地將我頂上頭髮剃光一塊，我看見同學抿著嘴偷笑……

我青少年的身影，像是縮在微光中的一灘污漬，我的世界何時才會改變？

高中聯考理所當然失落，我居住在台中市，所有公立高中都考不上，我到鄰近的南投念高中了。

長耳兔，你知道那種感覺吧？

當我見到國中同學，穿著一中、女中的校服，或者背著名校的書包，我心中五味雜陳，在那個重視升學的年代，我不敢站在陽光下，頂多只能在微光中，而我只是微光中的一灘污漬而已。

要改變自己的世界，對我而言，談何容易？

高中畢業之後，我考不上任何一所大學，淪為補習街的一灘污漬，每天過著愧疚的日子，如此兩年之後，時間再也不等我了，我到了入伍當兵的年齡。

我陰影的路還很漫長，那種不如的感覺一直背在身上，又如何能沒有陰影呢？我卻不知道自己的資源也在，彷彿泰戈爾詩中所說：「把燈籠背在背上的人，有黑影遮住前路。」

我重新看自己的身影，發現污漬中那抹微光，是我改變自己世界的重要元素，那是我心裡永遠沒有消失的聲音：我不會放棄的，有一天我會成功。

雖然，我沒有讓這句話取代「不如」，但是兩個聲音在心中並存，我起碼留了一線希望。那彷彿我看見「**I' M BLIND. PLEASE HELP.**」，也看見「**IT' S A BEAUTIFUL DAY AND I CAN' T SEE IT.**」，我對自己的感覺就不一樣。

「**Change your words.**」

「**Change your world.**」

我的確深深有這種體會，當我心中置入了關鍵字：「我不會放棄的，有一天我會成功。」我感覺微微的光，包圍著我的生命，那是一個開始，我視為改變世界的開始。因為那並非欺騙自己，而是以一個全貌看待自己，不再以單一視角評價自己，因為我的確不想放棄，我的確想要成功。

親愛的長耳兔，我邀請你找個安靜的地方，緩緩地深呼吸，安靜地對自己說：「我不會放棄的，有一天我會成功。」

這是改變的開始……

在「不如」中掙扎了三十年的

阿建

不要叫我看，我被遮住了看不到！

好奇的長耳兔：

當人改變了心念，就有機會改變世界嗎？這個問題讓人疑惑。

曾經風行一時的書《祕密》、《吸引力法則》，都是談心念的重要。然而真的是如此嗎？為何有些人擁有心念，卻無法改變人生呢？

長耳兔也有這樣的懷疑吧？我也曾經輕蔑過這樣的想法。

心念能開啟宇宙的動能，然而很多人並未真心相信，只是想要趨吉避凶、逃避現實，或者念頭僅在頭腦運轉，那又如何開啟動能？

心念的力量

每一個人都打過呵欠。你也打過呵欠吧！下次打呵欠的時候，如果不是感覺疲憊，那就注意一下：自己為什麼打呵欠？

回憶一下自己，是否看見他人打呵欠，自己也跟著深深地呵欠起來？

因為打呵欠的心念一起，便不自覺地想要打呵欠了。

長耳兔呀！你現在該不會正在打呵欠吧？你看到我前面寫的「打呵欠」三個字，也許在三分鐘之內，你真的打起呵欠來了。

如果你現在坐在捷運上，正讀著我給你的這封信，並且因此打了呵欠，也許不少看見你打呵欠的人，也跟著打呵欠了，像骨牌效應一樣，打呵欠的人不斷擴散著。

打呵欠的動作，會因為視覺、聽覺，讓情緒受到感染，啟動心中微妙的一股力量。

從打呵欠的事例，你看心念的力量有多大？

因此人們常說：「當你真心想完成某件事，全世界都會來幫你……」

四分鐘跑完一英里

當一個人的心念啟動，便會念茲在茲，生命也會跟著動起來。

這種心念的啟動，隨著事情的難易，也有不同的實踐力量。心中意念能真正啟動，是一份認真且專注的相信，不是隨意在腦中想想，或者只是安慰自己的標語，而是一種從自身擴散出來的力量。

「心想事成」大概就是這個意思。

關於心念所及而成事的例子，幾乎隨處都可見證。

有一個運動場上的著名故事：四分鐘跑完一英里。

在一九四五年以前，醫生認為人類跑步速度的極限，若以一英里計算，不可能在四分鐘之內完成。不只醫生這麼認為，科學家也發表論文，說明人體的極限就是如此。

長耳兔你相信嗎？這些限制是否可透過意念突破？

當時的世界紀錄，是一位瑞典人跑出的四分一秒四。雖然僅僅一秒四的時間，但是運動場上的一秒鐘，往往是運動員一輩子追求的目標。

有位常練習跑步，獲得牛津大學獎學金的學生班尼斯特（**Roger Bannister**），宣稱自己可以打破極限，能在四分鐘之內跑完一英里，並堅信自己可以做到。世界上的運動員，還有科學家們知道了，紛紛嘲笑他大言不慚，這是九年未被打破的世界紀錄哪！又是科學家研究過的數據，怎麼可能由一個年輕人就突破呢？

然而班尼斯特的心念，並非遙不可及，痴人說夢般的目標，也並非空口說白話。他懷著信念練習，以意念與心志不斷驅動自我，形成一種源源不絕的能量。

一九五四年五月六日，二十五歲的班尼斯特，選了一個氣溫陰冷的傍晚，在一千名觀眾的見證下，以三分五十九秒四跑完全程一英里，打破了世人認為無法打破的紀錄。原來醫生、科學家與運動員信誓旦旦的極限，並不是真正的限制。

班尼斯特在《第一個四分鐘》寫道：「一種由恐懼和驕傲混合的情感，不斷刺激著我，我提速飛奔……當時整個世界彷彿靜止了，或者就像不存在一樣。」

我相信心念啟動，的確為人創造源源不絕的力量。

我不會放棄的

自從我國小畢業之後，一直到二十歲以前，在好成績才是好學生的年代，我的成績始終不佳，因而過著渾渾噩噩的日子。我很想盡本分，取得好成績，無奈我無法靜下心讀書，每天活在煩悶、浮躁與愧疚之中。

大概沒人瞭解我的苦悶，人們總認為我努力就行了，卻不知道我也想呀，但是我做不到呀！我下了無數次的決心，定了無數個計畫，統統無疾而終，我覺得自己爛透了。

時間飛速而逝，我卻一事無成，每天浪費時光，總在一天結束的時候，感嘆自己怎麼會這樣過日子？能夠支撐我的，大概就是這句話：「我不會放棄的。」

當我愧疚無奈，我不會放棄的；即使我渾渾噩噩，我不會放棄的。這使得我願意花一點兒力氣，準備自己的課業，即使只有一點點，因為我不會放棄的……我還碰觸得到一絲光，心底有一個聲音：「我不會放棄的……」這個聲音，無形中縮短了我混沌的時光，當我意識到自己在混沌的時候；點滴積累了努力的力量，當我意識到自己在努力。

以前我沒有察覺這個力量，但我絕非隨意在腦中想想，而是每次認真如起誓一樣激勵自己，也許有一點兒自我安慰，卻逐漸從自身擴散出力量。我逐漸找到一個方法，幫助自己走上軌道，拾起書本安定讀書，最終我進入短暫的目標：考入大學，雖然已經二十三歲了。

日後我又陷入渾渾噩噩的生活，又無法達成目標了，我心底仍舊存有這個聲音：我不會放棄的……直到我驚覺自己的日子，已經成為我想要的那樣，我可以感到班尼斯特所說：「我不知不覺提速飛奔，整個世界彷彿靜止了，或者就像不存在一樣。」

我和我的心念同在。

長耳兔，我也邀請你，先與心念同在。

打呵欠的時候，不禁會想這個呵欠，是否從遙遠的北極一路傳過來的

阿建

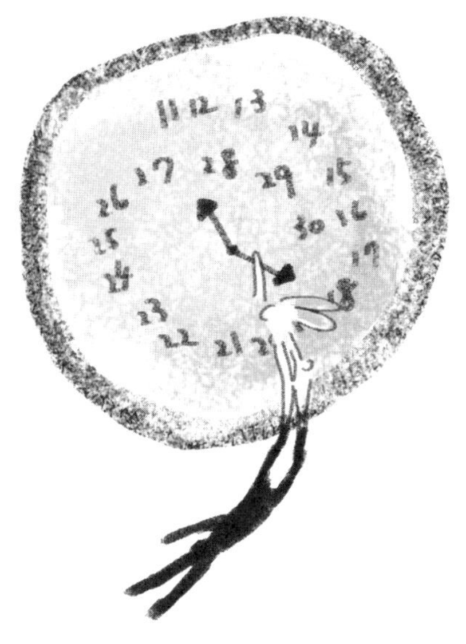

我的人生時鐘在前進，也在倒數。

03.

求勝的長耳兔：

每個人都喜歡贏，不喜歡輸的感覺，我也不例外。從沒有一項比賽，頒獎給最後一名。幾乎所有的榮耀，都歸於贏的那一方，很少有人在乎輸的一方，所以大家才都想贏吧！

大多時候，我常常想要贏。但是輸、贏這兩個字，繁體字的筆畫很多，我以前總學不會。

師長總是教誨我：「勝不驕，敗不餒。」我在理智上接收了，但是心靈仍然起伏不定，輸贏之間讓人糾結極了。

直到長大以後，我才漸漸懂得輸贏，發現以前只在乎「小贏」，因為當時還不懂「輸」，哪裡懂得「大贏」的奧義？

長耳兔也想贏嗎？若是想要大贏，不妨參考我的想法，但是我要先教你懂得「輸」。

我常覺得人生：「想要學怎麼贏，要先學會怎麼輸，才能漸漸地學會不輸，最終明白輸贏已經不是侷限。」

因為怕輸的人，並不是贏家，反而總是真正的輸家。

人生，從沒有永遠的贏家。

贏家的侷限

我教過不少資優生、跳級生、聰明的學生，以及成績好的學生。優秀的學生，在學業上習慣成功，習慣他人的稱讚，也習慣了以「贏」看待自己，很不習慣輸的感覺。

我長期在一所中學擔任講師，那所中學頗負盛名，集合了眾多佼佼者。我很喜歡這所學校的氣氛，孕育了健康、美麗，且有活力的生命，每一年暑假我和新生見面，照例都問他們一個問題：「能否接受自己考試二十名之後呢？」

大部分的學生紛紛搖搖頭，表示難以接受。他們都是剛通過激烈競爭，從各學校考進來的學生，成績自然優秀無比，可是一班五十幾個優秀學生，一定有一半以上的學生，名次在二十名之後呀！難以接受的學生，他們如何看待「輸」？這將會影響他們如何看待自己。

人一生會轉換很多環境，在人與人競爭的社會，不可能永遠都當贏家。

怕輸的長耳兔，永遠都當贏家，是一件相當困難的事，也是一件浪費生命的事。

但是每年都有不少優秀的學生，因為學業受挫折了，被父母送來見我，他們多半拒學、放棄，甚至自我封閉了。

因為他們怕輸，所以他們真的輸了。

他們忘記了，人學習成長的過程，就是一連串不怕輸的過程。比如幼兒學走路，因為不怕跌倒，不怕有人跑得比他們快，所以學會走路；學習游泳的人，因為不怕喝水，不怕游輸他人，因而越來越懂得水性。

很多人反駁，孩子還不懂輸贏，所以他們不怕輸。我也這麼覺得，沒有人一開始就怕輸，而是漸漸學會怕輸的。

所以人們常說，擁有赤子之心是珍貴的，因為輸贏是社會化的結果。在社會中一旦輸了，就得承受我們以為的「各種眼光」，正因為這樣的念頭，讓人將自我設限了。

這些裹足不前的菁英，停留在過去的「贏」裡，就會對於「輸」有太多負面評價，因而不敢面對挑戰了。

講個笑話給你聽。

贏了眼前，輸了世界

一對夫婦在自家庭院種梨樹，期待能品嘗親手種的梨子。

梨子終於成熟了，夫婦摘下熟成的三顆梨，兩人各自享用一顆梨，還剩下一顆梨子。夫婦意猶未盡，打算將最後一顆梨切開，一人享用半顆梨。

妻子想到「梨」字的讀音，和「離」字一樣，若將梨分開來吃，「分梨」就像「分離」？聽起來很不吉利。怎麼辦呢？他們又很想吃梨！

丈夫想了一個主意，來玩一場遊戲決定吧！玩兩人注視的遊戲，像個木頭一樣對看，若是誰先動了，或是先開口了，誰就輸了。只有贏家獨享梨子，輸家只能看著另一人享受。

賭局開始了，夫妻兩人沉默對看，都不想輸掉這場比賽。

就在他們互相較量，想成為最後贏家的時刻，小偷潛入了家中，取走家中值錢的東西。夫妻倆雖然看見小偷了，卻沒有人願意出聲，一動也不動地坐著，因為誰也不想輸呀！

小偷看見這對夫妻竟然像木頭一樣，不動也不說話。膽大包天的小偷，竟然伸手想非禮妻子。目睹這一幕的丈夫，依然一動也不動，一語不發地坐著。

被騷擾的妻子再也忍不住了，害怕得大叫起來，對丈夫說：「你還不趕快來保護我？」

這時丈夫身子動了，但不是去趕跑小偷，而是伸手拿過梨子。

接著，丈夫說話了，不是斥責小偷，而是大笑著說：「哈哈！妳輸了，我贏了。」

這個荒謬的故事，我在一本圖畫書《一根羽毛也不能動》裡，也曾經看過計較眼前輸贏的荒謬。

細想每次計較贏，人往往只在乎眼前，不也和這個丈夫一樣嗎？

擔任阿里巴巴集團主席，創辦淘寶網的馬雲，曾經是中國首富。他來台灣演講時曾說：「人立即要求回報，其實是不成熟的。農夫春天播種，秋天才會有收穫……」

是呀！春天播下的種子，必須施肥、除草、灌溉……還必須等待。但是很多人會說，春天播下去的種子，不一定會有收穫呀！那就白費力氣，就像輸了一場比賽，那怎麼辦？

我覺得人生最珍貴的，是從「輸」裡學到的東西。

輸雖然令人痛苦，但是也讓人學會冷靜，學會磨練意志力，學會累積智慧與經驗，學會看見自己的熱情，學會看見自己不放棄，學會不只用一種方法面對世界，學會什麼才是追求的目標……

若以輸贏來看待，也許僅是輸了眼前，但可能贏得豐富的世界。

從輸中學會……

台大有一位教授郭瑞祥，寫過一篇文章〈最難的一課，我們卻沒教給學生〉。文中提到有一位學生，年年考第一，要進研究所深造，請他寫推薦信。他看過了她的成績單後，對她說：「同學，妳能不能不要繼續拿第一名？」

我覺得他是有遠見的老師，因為有些東西必定從輸中才能學會。

我從小就是個「魯蛇」（**loser**），功課輸人家、長相輸人家、體能輸人家、金錢輸人家、家世輸人家、智力輸人家、薪資輸人家……這樣看起來，我是一條「大魯蛇」。我當然不願意自己是輸家，但是又有什麼辦法呢？

我雖然習慣輸的感覺，但是沒讓輸主宰我的人生，我還沒放棄成為不一樣的人。我雖然談不上努力，而且常常想放棄，但是我並未真正放棄，直到三十二歲找到一份月薪兩萬四千元的教職。

低廉的薪資我不在意，我長期在輸中打滾：沒有房子、沒有車子，生活簡單一點兒，這樣的薪資也就夠了。這是我從長期的「魯蛇人生」學習來的。

這所學校很特別，很多教師懷著理想來，卻懷憂喪志離去，因為這所學校沒有太多規則，學生常不來上課，教師常常受到挫折。

我也常受到挫折，因為我沒學過教育理論，還曾和學生吵架，教書也常教得不好。但是我從「魯蛇人生」學會了輸，連續一、二十次的輸，對我而言如家常便飯。因此我雖然常感覺沮喪，仍不斷試驗各種新方法教學，我的課堂逐漸變得較成功。相較於「人生勝利組」的贏家人生，有些優秀的人，一旦遇到失敗，也許怕輸吧，就停在原地讓狀況繼續，或是轉身離開了。我是個「大魯蛇」，輸的滋味我很熟悉，我也學會接受沮喪，但是也能鼓起勇氣不放棄，更轉而創新找出路。

我感覺自己不怕輸，便敢於大膽創造了，而且我逐漸明白了一個道理：我的目標並不是「贏」，而是對事物本身的熱情。那時我有深刻的感觸，過去長期太在乎輸贏，使我的熱情聚焦於「贏」，而不是聚焦於事物本身。輸贏本就不是我最後的目的呀！喜歡事物本身，那才是我的目的呀！我這才懂得：輸贏是一個歷程，不是一個結果。

如何面對輸？

長耳兔還年輕，當你面對挑戰，面對競爭的社會，想要不怕輸並不容易，讓我陪你一起面對吧！

首先，你要承認自己怕輸，並且接受自己怕輸，那是真實的自己，接受輸並不是放棄，而是坦誠面對，就能有所改變。

我邀請你找一個安靜的地方，先進行幾次深呼吸，靜靜地對自己說：我雖然害怕輸，但是我不會放棄；我雖然害怕輸，但是我願意努力；我可能做不好，但我能勇敢面對。

你可以檢驗自己的內心，當安靜地對自己這樣說之後，內心有什麼變化？哪怕是一點點細微的力量，都足以漸漸累積成大力量。

若是你經歷了一個挫折，結果已經輸了？

我也邀請你找一個安靜的地方，幾次專注地深呼吸以後，靜靜地對自己說：我知道自己輸了，感覺自己很難過。那就讓自己難過吧！就讓自己哭吧！

再告訴自己：我不會放棄的，我還在學習如何輸，因為我要成為一個豐富的人。

我邀請你試試看。

若能蒐集最多輸，就算贏的話，那「大魯蛇」應該是贏家的

阿建

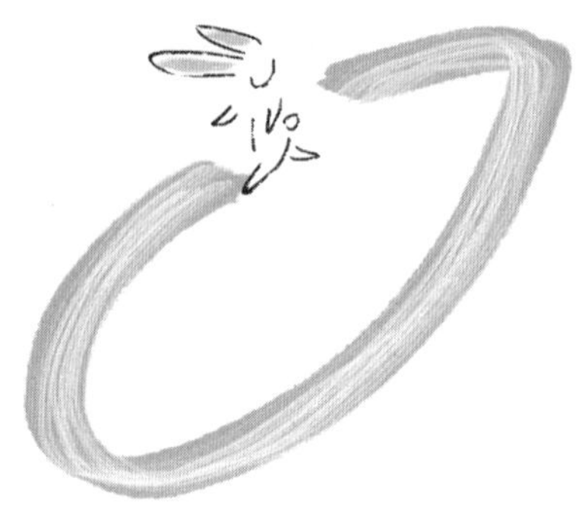

天哪！失敗真的太可怕了！
但一直回頭看著失敗，好像只是一直無限循環在原處而已。
（這也是很可怕的一件事！）

珍貴的長耳兔：

身處於這個競爭的社會，凡事都講求數據，凡事都講求效率，凡事都看能力……這些現實的狀況，有時讓人感到無能為力，即使我們沒有放棄，都不免懷疑是否能扭轉形勢。

但是人類的社會有侷限，一般人看重的「能力」，只是多數人約定俗成的標準，並非一個絕對的真理。在約定俗成的標準裡，這個社會開發人類能力的方式，讓人大大受到限制，很多特別的能力無法被開發。

親愛的長耳兔，別被社會的眼光侷限了，有些人看似處於劣勢，卻隱藏著不可思議的寶藏。很多傑出的人士，都在劣勢的處境獲致巨大的成就。

講一個眾人耳熟能詳的《聖經》故事。

打敗巨人的大衛

地中海沿岸有一塊美麗又重要的土地——示非拉（丘陵地），向來是兵家必爭之地，非利士人和以色列人曾經爭奪此地。西元前十一世紀的以色列首領是掃羅王，面對來犯的非利士大軍，他將軍隊駐紮在示非拉這個易守難攻的丘陵山區環境，讓非利士人的大軍只能遙遙相對紮營。

兩軍對峙久了，來犯的非利士人忍不住了，派出了陣中驍勇善戰的戰士，對以色列軍隊叫戰。

非利士的戰士是巨人歌利亞，全身武裝金盔銅甲，手持大刀與盾牌，背負方天畫戟，威風凜凜，每天兩次到陣前叫戰。巨人歌利亞從小就是個戰士，對著以色列軍隊叫囂，聲稱不必兩軍大戰，只要派出一位勇士應戰，就能決定這場戰役的勝負。但是歌利亞巨大的身軀，孔武有力的模樣，全身精良的配備，駭人心神的叫囂，看這場景便勝負立判呀！誰還敢和他對抗呢？歌利亞連續四十天叫陣，以色列陣營都無人敢出去。

這時少年大衛聽見了，感到非常好奇，歌利亞怎麼這麼囂張？以色列軍人怎麼無人應戰？大衛並非以色列軍人，只是一個牧羊少年，他是來為三個哥哥（也是以色列軍人）送飯。

大衛向掃羅王毛遂自薦，要單槍匹馬接受挑戰。

親愛的長耳兔，你一定聽過「初生之犢不畏虎」吧！但是初生之犢，肯定贏不了老虎呀！因此掃羅王並不允許。

但是這位牧羊少年卻堅定地說服掃羅王：「請相信我吧！我曾面對比巨人更厲害的敵人，那些獅子、老虎等猛獸，在我看來都比那個大個子厲害，我都能輕易擊敗。」

掃羅王被說服了，要大衛穿上自己的戰甲，將自己的刀劍遞給大衛，但是被大衛拒絕。大衛身著牧羊裝扮，手裡拿著牧羊的木杖，從溪邊撿了五顆光滑的石頭，獨自迎向巨人歌利亞的叫戰。

長耳兔看到這兒，是不是覺得很像武俠小說？

我第一次看到這個故事時，腦海中浮起了金庸小說，心想這個人應該是身懷絕技的武林高手吧！

果然如我的猜測，大衛打敗了歌利亞。大衛不用刀槍，只是用類似彈弓的小機關，射出光滑的石頭，擊中歌利亞的面額，巨人戰士歌利亞倒下了，整個人趴在地上倒下，被大衛割下首級，結束了這場戰事。

看似處於劣勢的大衛，原來有一般人看不見的優勢；看似處於優勢的歌利亞，原來有一般人看不見的劣勢。

似處於劣勢的大衛，有幾種以色列軍人沒有的能力：射彈弓的能力、對單挑的獨特見解、無畏的勇氣，也許可以加上說服的能力。

假設大衛不會穿盔甲打仗，沒有魁梧的身材，沒有使刀弄槍的能力，也沒有特別大的力量，而身處於軍隊中的一員，應該也是個不符合戰力的人吧！

劣勢成就特別才華

我常覺得人在看似劣勢的表象中，常會養成特殊的能力。

現代人最需要的能力，我以為是自學的能力，而閱讀能力又是自學重要的一環。但是有不少人有閱讀障礙，那該怎麼辦呢？在資訊爆炸的年代，大部分知識透過閱讀取得。

然而英國有位教授進行調查，有三分之一的創業家是閱讀障礙。還有不少閱讀障礙者成為律師、銀行家、科技巨擘，這些都是需要和閱讀沾上邊的行業，他們是怎麼辦到的呢？

難道閱讀障礙者具有成功者的特質嗎？答案是否定的，因為據研究者提供的資料，更多閱讀障礙者，他們一事無成，甚至被關進監獄裡。

那些成功創業的閱讀障礙者，他們在劣勢中，並未如大多數人就此放棄，反而發展了一套求生存的技能，成了打敗歌利亞巨人的大衛。

因為閱讀障礙，有人學會聆聽的能力，有人學會摘要重點的能力，有人學會察言觀色的能力，有人設法不透過閱讀搞懂問題，有人設法不透過閱讀取得學歷。但是他們遇到閱讀課題，多半神經緊繃、焦慮難安，但仍然想方設法生存。

靠劣勢成就的故事，彷彿小蝦米扳倒大鯨魚，原來非常多呀！比如歷史上每次改朝換代、三國的赤壁之戰，每一個從小人物變成大人物背後，都是扭轉劣勢而成，原來劣勢是他人的認定，而優勢是自己創造的。

劣勢隱藏的寶藏

人類就是從劣勢一路成長的典範。

人類在地球上的歷史，可追溯到兩百萬年前，試想兩百萬年前的物種，人類何其脆弱？沒有皮毛護體、沒有動物的凶猛，也沒有動物的速度，但是人類卻存活下來，並且發展出一套生存的模式，直到拓展出不可思議的現代文明。

人在面對生存環境時，長期處於劣勢，直到近五千年才取得優勢。從這個角度來看，人類就是大衛。

而滅絕於六千五百萬年前的恐龍，當時是地球最具有優勢的動物，不就像歌利亞巨人嗎？

我覺得：處於劣勢讓人想方設法生存，處於優勢讓人理所當然。

就是這個「想方設法」，也就開發出絕美的寶藏了。

我的成長歷程，也長期處於劣勢之中，因此學會劣勢中生存的方法，當我逐漸創造出自己的生存法則，我就開發了一條新的道路。然而長期處於劣勢中，那種困頓的感覺很痛苦，卻也是成長中的必經之路……

因為太多劣勢，而開發出不少黃金、白銀與鑽石的
阿建

別擔心！
就算我再矮小，也會因為想和你當朋友，
找到最適合的高度跟你在一起。

努力的長耳兔：

陷入劣勢的處境，常人一定不想遭遇，然而那種滋味，只有在經歷之後，才會令人感覺彌足珍貴。

我從小在多方面居於劣勢，雖然有些條件不如人，但仔細深究原因，也源自於自己不努力：我不知如何專注；不知如何持之以恆；不知如何面對壓力；不知一顆浮躁的心靈如何沉靜。

沒有人幫助我面對這些問題。因為這些狀況無法改善，我長久以來陷入困境。

然而各種形式的困境，都值得人去經歷，使人完整而豐富；反過來說，一個人太快經歷順境，常是讓人崩毀的毒藥。

說一個小故事給你聽。

生於憂患，死於安樂

據說魔鬼專門破壞人類生存。

魔鬼看見農夫辛勤工作，想要發揮魔鬼的才能，讓農夫過得糟糕。魔鬼將農夫的田地變得很硬，不容易耕耘播種，那樣農夫就完蛋啦！

農夫在地上掘了好久，辛苦許久才挖鬆一小塊田地，但農夫不氣餒，因為他若氣餒，就無法生活了。農夫嘗試了各種方法，將鋤頭改造得更精良，利用牛來使力，農夫的收穫反而增加了。

魔鬼並不放棄，他要讓農夫的辛苦白費，便將農夫放在田邊的午餐偷走，這樣農夫就會沒力氣耕作啦！

農夫中午既渴又累的到田邊休息，發現午餐與水都被偷走了，只好走到遠處飲山泉水，並且拔沿路的果子充飢。魔鬼一連偷了幾天，農夫索性不帶午餐了，每天飲山泉、吃果子，不僅身體更加健康，還發現野生的果子適合栽種，移植到自家的田地附近，農夫更多收穫了。

長耳兔，困境沒有人想遭遇，但困境其實是禮物，端看人們怎麼看待與應對。

農夫沒有完蛋，魔鬼就發愁了。老經驗的魔鬼看見了，嘲笑小魔鬼的伎倆，以老大哥的語氣說：「要讓一個人倒楣、糟糕地過一輩子，給他好日子過就行了。」

小魔鬼根本不相信，就是要讓農夫糟糕倒楣，怎麼會賞他好日子呢？

老魔鬼懶得多說，親自示範給小魔鬼看。

老魔鬼到田邊和農夫搭訕，成了無所不談的朋友，老魔鬼告訴農夫，明年有旱災要來，要預先儲備灌溉用水，結果當別人沒收成時，農夫滿坑滿谷的莊稼，魔鬼又教他如何賣好價錢。老魔鬼又教農夫拿米釀酒，三年過去了，農夫賺了一大筆錢，蓋了大宅院，養了奴婢與僕人，幾乎吃穿都不盡了，再也不用工作了。

長耳兔，農夫已經一帆風順了，卻不是故事的終點。

老魔鬼笑著對小魔鬼說：「他的厄運來了……」

農夫錢多得花不完，再也不用為生存困擾了，精壯的體魄逐漸痴肥起來。原本辛勤工作的家庭，開始為了錢爭吵，幾個孩子為了爭財產分配，不僅不再努力工作，更因算計而失和。

農夫身邊圍繞著豬朋狗友，也圍繞著鶯鶯燕燕，錢雖然仍舊花不完，但是農夫常有病痛，心也煩得不得了……

小魔鬼拍起手來，終於領悟了些什麼說：「原來給一個人類更順利的環境，就可能讓他走上崩潰的道路呀……」

困境與順境所帶給人的，自然不是輕易的二分法，但這確實足以使人警惕，因為在順境中的人，不需要為生存而努力；在困境中的人，卻需要為生存而掙扎。

這也說明為何有人中樂透頭彩，生活卻混亂糟糕，這是同樣的道理。

我的困頓歷程

關於我的成長經歷，你已經聽過太多了。

我猜自己可能有過動症，在教室中坐不住，也無法專注下來學習。所以我的學生時代吃足苦頭，經常被老師處罰，還被鼎鼎有名的大師趕出教室。

那真是痛苦極了。不僅坐在教室學習痛苦，不想放棄課業、又聽不懂課程更痛苦，身體與心靈備受煎熬，幾乎使我經歷十餘年的折磨。

每一次上課，或是每一次晚自習，我若不是調皮搗蛋，就是坐在位子上無邊際地幻想，並且頻頻看手錶，想著時間怎麼過得這麼慢？怎麼還不趕快下課呢？我的時間荒廢在無用的蹉跎中，點點滴滴逝去了。

我大學考了四次，經歷了五年才考上，我的親戚曾經對父親說：阿建如果能考上大學，我的頭砍下來讓他當椅子坐。

親愛的長耳兔，你能體會那種感覺嗎？那種深深傷了人心的語言，我當時學不會不在意。

我既無奈又憤怒，無法反駁、也無法努力，那是一種深深的絕望。

日後，我發現自己從這些困境中，學會面對他人鄙夷的眼神，學會如何應對他人鋒利的語言，我的內心變強大了。我也在這樣的困境中，學會了如何讓自己專注，學會如何讀書的方法。

你還記得我提過的資訊嗎：三分之一的創業家，有閱讀障礙。這些閱讀障礙者，並未被打敗，反而創造了屬於自己的生存哲學。

我也學會如何專注，發現讓自己專注的方法，我會在日後的信中告訴你。我發現了屬於自己的讀書方法，在快速閱讀後摘要重點。

我終於考上大學了。但是那些專注的方法與讀書的方法，一直到今天都影響我，也影響我幫助想要專注的孩子。

然而，我還是坐不住呀！即使考上大學了，我二十三歲的年紀應該成熟多了吧？喔！其實並沒有。

我大學缺課甚多，也無法在圖書館讀書，因為我靜不下來。每當我看見同學在課堂認真筆記，考試前進圖書館認真讀書，我都既羨慕又喪氣，因為我不是那樣的人。

大學是個自由的地方，二十三歲的我不斷打工，但是我也沒有忽略學習，只是我的學習和坐在教室用功不同。我學會自己的讀書方法，大量且快速地閱讀，逐漸學會快速摘要筆記，並且短時間整合運用，腦袋也相對維持靈活。

我二十七歲大學畢業，不確定自己的目標，考研究所三年都未錄取，但仍憑藉著不斷閱讀充實自己。

我每年閱讀大量書籍，並且重複閱讀與筆記，學習很多實用智能，使得我雖然並非專業人士，卻擁有專業能力。比如我沒有諮商師執照，卻曾受聘為諮商師督導；沒有教師資格，但為教師演講；沒有社工身分，但為社工與志工講座。

上學時期飽受無聊之苦，頻頻看錶度時間，因此現在成了自由業，做自己喜歡的工作。

這一切都是從困境中學習而來……

困境造就了人

不只我在困境中成長，身邊的成功人士幾乎都經歷過困頓，我的父親也曾經歷巨大困境，他就是我的典範；又比如我手邊正閱讀的書，王蒙的《點亮人生智慧》，寫他經歷文革打擊，如何度過那一段處境。他講一個人即使什麼本事也沒有，但是有等待的本事也很好，等待並非什麼都不做，在等待中也可以學習，他被發配到新疆，學習維吾爾族的語言、構思長篇小說、努力勞動鍛鍊……後來他成了有名的作家，還任職中國文化部長。

信手拈來的傑出人士，幾乎都在困境中走過來：周杰倫、蕭敬騰、方文山、郭台銘、賈伯斯……他們在困境中學會了生存。

那些太早經歷順境的人呢？也許功成名就，但是生活卻可能一場糊塗，風波不斷，並不一定是成功的人生。比如童星出名的小甜甜布蘭妮

（**Britney Jean Spears**）、少年成名的小賈斯汀（**Justin Bieber**），還有世人所謂的「富二代」，這些例子，常讓人聯想到那位農夫的故事呀！

雖然順境為人們帶來災難，卻也不反對三十億樂透來敲門的
阿建

06.

有想像力的長耳兔：

你問我，創意是不是很重要？創意要如何培養？我覺得這是一個好問題。

創意應是生活的一部分，是一種活力的表現，也是生活情趣的泉源。日常的生活種種，無一不是創意而來，比如3C產品、食衣住行，甚至桌椅用具，都曾經是創意的累積。但是現代人生活順利，又太重視標準答案，創意的養成也就被忽略了。親愛的長耳兔，當你問我創意的問題，我是無比開心的，因為創造力是人生必要的資源，往往發生在困境之中，也產生於強烈的好奇心中，當人意識到創造力的展現，生命就會激發出光彩。

現代人若是具有創意，便能開創一番新局，如愛迪生、愛因斯坦、賈伯斯……這些耳熟能詳的人物，都擁有世人皆知的創意，改變我們生存的世界。在政治上、藝術上、科技上、生活上……誰擁有創意，誰就可能改變這個世界。

我前面談到了挫敗、劣勢、困境與吃苦的重要，皆能養成豐沛的生命力，而創意的資源更在其中。

創意潛藏於困境中

我童年最喜歡馬克·吐溫的《湯姆歷險記》，調皮的湯姆經常遇到麻煩，也就展現了他的創意。有一次湯姆太調皮了，被姨媽處罰刷一整片牆，湯姆美好的午後時光泡湯了。湯姆刷著、刷著，腦袋不斷活蹦亂轉，創意就湧出來了，湯姆竟然憑著巧思與言詞，讓夥伴們覺得刷牆很酷，是一件難得的差事，紛紛以各種利益向湯姆換取刷牆的處罰。

創意需要養成的條件，這個條件常是困境。

美國奴隸口耳相傳的貝爾兔故事，也是類似的創意展現。

貝爾兔口渴至極，終於找到一口井。為了喝井裡的水，貝爾兔找到一旁的吊桶，綁在打水的轆轤上，準備汲水來喝。貝爾兔生性頑皮，竟然跳進吊桶之中，像雲霄飛車一樣滑入深井。水自然喝到了，卻無法爬上來。

貝爾兔沒有大喊大叫，這樣會招來他人注意，也會招來天敵攻擊。貝爾兔開始唱歌，穿插以輕鬆的口哨，表現得一派輕鬆呀！

野狼經過那口井，聽見井中傳來歌聲，把頭探向井裡看個究竟。

貝爾兔說：「走開！這裡容不下兩個，待在上頭熱死啦！哪像下面這麼涼爽，還有涼水可以喝！你千萬別跳進另一個空桶子，下來這裡喔！這裡是我的地盤。」

貝爾兔的話讓野狼興奮不已，趕緊跳進另一個空桶子。當野狼滑下來時，貝爾兔坐著的桶子就往上升，換野狼被困在井裡了。

長耳兔，在困難的處境中，為求生存就能浮現創意。

創意與焦慮相關

創意出現之前，常常與焦慮是相關的，因為創造要打破常規，打破一般人認定的想法，因此在創意出現前，焦慮也會伴隨而來。然而，一般人遭遇焦慮，往往迴避了它，而不是正面與焦慮相遇。比如要繳交一篇報告，創作一篇文章，發展某個新的構想，開創一片新局……都常會有焦慮的情緒，但一般人往往避開焦慮，也就避開了創意：去玩一玩吧！滑滑手機吧！聊聊天吧！看看電視吧！讀一些八卦吧！找找靈感吧……創意因此常常失去了發生的機會。

我曾經熱衷觀賞籃球比賽，有一次看見歐洲錦標賽爭冠。

AB兩個國家爭冠，A國在前面的比賽中居於劣勢，此次與B國的比賽必須要贏五分以上，才能取得冠軍。但是比賽僅餘五秒鐘就要結束了，A國雖然暫贏兩分，且取得發球權，但是卻必須再贏四分，才能取得冠軍，幾乎是不可能的任務。

這場除非出現神蹟，否則大勢底定了。

然而，求冠若渴的A國，在五秒鐘之前喊出暫停。我相信所有的球員、教練都是焦慮的吧！

長耳兔，你不妨想像自己是其中一員：是放棄比賽了嗎？還是焦慮得喘不過氣來？焦慮是創意的前哨訊息，然而當人們遇見焦慮，心裡面的聲音常常是：算了吧、怎麼會這樣、完蛋了、不管了啦、就先這樣吧……忽略創造訊息來臨，需要更專注去面對，有效的創意就會湧現。

他們在焦慮中制訂了一套戰術，只剩五秒鐘就結束比賽的戰術。

比賽哨音響起，A國球員並不是將球投進對手籃框取分，而是將球灌進自己的籃框，幫助B國得到兩分，正規賽結束的哨音響起，A國與B國比分相同，需要進行五分鐘的延長加賽。

這個不可思議的舉動，讓全世界目瞪口呆，除非是烏龍進球，從沒有人這樣打球吧！

A國在五分鐘的延長賽中，淨贏對手六分，最終取得冠軍。這是一場不可思議的比賽，也是一場充滿創意的比賽。

人們常說靈機一動、急中生智，就是在焦慮中誕生的創造力吧！

「理所當然」是創意的大敵

親愛的長耳兔，面對一項事物，充滿好奇、專注、膽識、不放棄與不照流俗是創意的要素。理所當然反而是創意的大敵，這是為何學生回答「標準答案」時，教師既歡喜又擔心了，因為創意常常離開人們認定的事實。

我三十九歲的時候，決定離開月入六萬元的教職，因為學校的理念與我不同。我常常告訴學生，面對生命與生活，要浪漫、勇敢，有創造力，將世界視為值得奔馳的旅程。然而我快要四十歲了，我還可以擁有創造性的選擇嗎？

關心我的人告誡我：四十歲年紀不小了，你還能做什麼？別忘了你曾經挨餓三天沒飯吃！

我對於這個選擇感到焦慮。我曾經失業好久，要放棄一份穩定的薪水，一條理所當然的職業生涯，會不會是一個錯誤？會不會讓我懊惱後半生？我並沒有答案，這是焦慮的原因，因為我正面臨著創造，因為創造也可能會失敗！

擁有創意的同時，我認為需要負責任。也就是為自己的作為，負起所有責任；面臨創造的結果，要坦然面對，不要怨天尤人，也不懊惱追悔。

因此我決定離職之後，給予自己三年的時間，去當一個文字創作者。若是三年之內無法養活自己，我決定在四十二歲時，重新學習泥水匠的技術。我既然肯吃苦，朋友又願意教我，那我還有何擔心呢？朋友告訴我三年可以學成，成為一名泥水師傅，那我學成之後，也才四十五歲呀！我要以四十五歲的年紀，將習得泥水匠的專業知識去承包工程，因為我的天賦在於溝通，我可以承包工程來賺錢，並且一邊進行我的文字創作。既然我能為自己負責，也能接受自己的失敗，便毅然辭去教職了。

但創意的經歷，也從來不是理所當然。我沒有成為純粹的文字創作者，也沒有成為專業的泥水匠，反而開創了創意作文班。

因為我是文字創作者，又曾經是一位文學教師，朋友找我一同合作創立寫作班。當大多人面臨寫作教學的困境，學生寫作能力不佳，甚至寫不出作文，我檢討了作文教學的理所當然：起承轉合、多用成語、名言佳句、段落大意……但是，學生還是寫不出來呀？還是寫的內容大同小異呀！還是文句不佳呀！

我因此思索著：作文怎麼會寫不出來呢？會寫字、會說話、會思考，就寫得出來呀！先寫出不好的文章，再慢慢進步就好了呀？因此我發揮了創意，決定讓剛來的學生，學習寫「爛」作文！

當大家理所當然寫「好」作文的同時，我主張讓學生寫爛作文。

這個有創意的想法，當初遭到不少人反對，也有不少人嘲笑我。但我卻在逐漸摸索的過程，發展了從爛作文到好作文的脈絡，讓學生的作文從寫不出來，到作文考試滿分，還有人獲得全國首獎，甚至還有學生出書呢！

長耳兔，「理所當然」是創意的大敵，所以各種發明與創造，經常違背了理所當然。比如吸塵器的發明，是從將灰塵吹走的機器，打破理所當然，創造成吸進灰塵的機器；留聲機是從聲音造成振動，因此逆向思考，創造成振動留住聲音；削鉛筆機是從轉動鉛筆，打破一般認知，創造成轉動刀子的機器……凡此種種，成就了我們的生活，而創造者豐富了生命。

親愛的長耳兔，這是我關於創意的想法，同時我也將創意運用於寫作、工作、溝通、飲食、居住、穿衣……我發現，懂得發展創意、運用創意的人，將會獲得豐富的生活，飽滿的生命力。

因為太多的創意，被嘲笑創意連馬桶都塞爆的

阿建

好啦，對不起，我只是開個玩笑……

07.

日漸茁壯的長耳兔：

聽說你在家中打掃一整天，身體痠痛疲勞，手都快要舉不起來了，經歷了一日的辛苦。

我為你感到驕傲，因為唯有體驗勞動，能夠吃苦的孩子，會變得有力量，身心皆能因歷練而有所成長。因此人們常說：「不經一番寒澈骨，哪得梅花撲鼻香？」指的是吃苦的歷練，對於人生至為重要，但是吃苦的當下，那種體驗真是讓人難以忍受。

跟你說一個小故事。

流淚撒種的，必歡呼收割

有一個窮人，一直覺得自己運氣不好，沒機會賺大錢過好日子。

窮人的朋友富人來訪，他很關心窮人的生活，建議窮人開墾門前的荒地，等春天撒上種子，秋天時就可以收割，過富足的日子了。

窮人望著一片荒地，感嘆著自己沒有種子，也沒有牛幫忙墾荒。

富人決定送窮人一頭牛，要窮人先開墾荒地吧！來年春天富人再送上種子，播下種子於鬆軟的土地上，就能孕育希望與成果，到時候也能漸漸成為富有的人了。

窮人滿懷希望墾地。

然而經過幾天開墾，窮人感到氣餒，因為墾地很累呀！全身痠疼極了，每天早出晚歸，還要照顧牛，早晚帶牛吃草，生活比過去還要辛苦！

窮人不想吃苦，左思右想好方法，決定將牛賣了，買幾隻羊來養，那就不用墾地了，只要照顧羊兒就好，還可以先享受羊肉的美味。窮人買了幾隻羊來養，殺了一隻吃了，等待其他的羊兒生小羊。

然而放羊的生活也不輕鬆呀！尋找好的草料給羊吃，驅趕羊群也是一件苦差事！而且羊兒遲遲沒有懷孕，窮人等待的過程，又宰了一頭羊。

窮人想這樣下去不得了，不如將羊賣了，買幾隻雞來養，雞生了雞蛋可以賣錢又可以孵小雞，真是一舉兩得。

窮人立刻將羊換了幾隻雞。但是人算不如天算，雞要以飼料餵養，那又是一筆花費呀，因為人都吃不飽啦！怎能照顧雞呢？窮人開始殺雞來吃了，殺到最後一隻雞，窮人的理想破滅了，最後將雞賣了，換了幾斤酒下肚，暫時一醉解千愁吧！

隔年春天來臨，好心的富人送來上好肥碩的種子，卻發現窮人醉醺醺，苦悶地訴說自己的困難，門前荒地依然荒涼。富人轉身離開了，留下不斷抱怨的窮人，窮人依然貧窮。

親愛的長耳兔，我幼年讀這個故事的時候，覺得這個窮人注定是窮光蛋，除了偷懶與抱怨，卻無法勇敢吃苦，也無法擁有美好的未來。難道這點道理都不明白？他只要耐得住辛苦，就有機會得到美好收穫呀！

《聖經》上說：「流淚撒種的，必歡呼收割。」在收割之前，不想經歷辛苦流淚，又怎麼能得到踏實的歡樂呢？不能吃苦的人，日後流的淚反而更多，吃苦的日子反而更長呀！

吃苦是成功的捷徑

這個世界上，被眾人視為成功的人士，大部分都經歷過吃苦的過程。

以財富的累積來看，台灣歷任首富幾乎都是在苦難中磨練出來的。

我童年時的首富，是台塑的創辦人王永慶，他出身窮苦，在茶園當雜工，日後在米店當學徒，這些都是辛苦的差事。舊時代的雜工與學徒，就像下人一般讓人使喚，當時的台灣環境，不少人都這樣成長。因為吃苦的歷練，王永慶日後開辦米店，有別於其他開米店的有錢人，他為了開發客源，挨家挨戶拜訪推銷，並且親自送米到家，比其他米店多營業四個小時，若不是吃過苦的人，不會想以苦幹成家立業。

也曾是台灣首富的蔡萬霖，出身貧窮佃農之家，八歲時北上工作求學，在磚窯半工半讀完成中學。八歲是個多小的年紀呀？一直到十五歲中學畢業，他都是半工半讀完成，磚窯需要大量勞力與耐力呢！我童年曾搬磚塊打工，將磚塊從一樓搬到三樓，每搬一塊磚賺一分錢（十分是一毛，十毛是一元），覺得辛苦無比，何況是在酷熱且大量勞動的磚窯廠呢？

同樣曾是台灣首富，目前最為人熟知的企業家郭台銘，在台灣醫療、教育與社會福利回饋甚多。他早年求學期間，曾在橡膠廠、砂輪廠和藥廠打工。我曾進入橡膠廠觀摩，那裡的氣味與工作現場，對於一個學生而言，都是辛苦且艱難的環境，更何況噪音嘈雜且悶熱的砂輪廠？

華人首富是香港的李嘉誠，十二歲的年紀便在茶樓打工，進入錶行修錶、銷售手錶，十七歲轉為玩具銷售員。他的工作看起來較為輕鬆，但是十二歲至十七歲的年紀，一般人都在做什麼呢？他卻去工作了！放棄享受與輕鬆的權利，這就是吃苦哪！不只這些人，創辦阿里巴巴的馬雲，白天踩三輪車送書，晚上上夜校；到過台灣的富人陳光標十歲賣水賺錢養家……

長耳兔，我舉的例子，都是創業家成功的要素，事實上名人傳記成功的故事，都是吃苦磨練的故事。眾人熟知的周杰倫、方文山、張惠妹、王建民、陳偉殷、林書豪；大部分的品牌創辦人、各領域的佼佼者、各界的成功人士，都經歷吃苦而成功，他們若不能吃苦，在遇到困難的時刻，就會輕易放棄，而不能擁有一番成就。

因為願意吃苦，將學會一份積極、進取的人生觀，能淬鍊出重要養分，便不會畏苦怕難，因此台灣俗語說：「吃苦當作吃補。」確實有其意義。吃苦的歷程，養成了嘗試與堅持，吃苦應該是成功的捷徑呢！

從吃苦中學會……

我出生於一九六七年，台灣的經濟逐年成長，各方面的條件，比上一代過得美好許多。但是吃苦的心態，仍然深植於人們心中，因此我從小就勞動。我幫忙做家事、搬粗重的磚塊，也外出打零工。

這些勞動吃苦的經驗，讓我成年之後，在群體裡受尊重，因為我總是主動做事，不會逃避困難；讓我擁有特別的學習經驗，那些修水管、做木工、蓋房子、煮飯炒菜……的日常活動，增加了生活情趣，體驗勞動的美感；讓我身心有深刻體驗，遇困難不輕易放棄，可以從流汗與堅持中，體驗自己的勇氣與力量；讓我在辛苦的環境中，得以安然自適不抱怨，精神打造得寬廣開闊，思維顯得與眾不同；讓我更懂得珍惜幸福美好，體驗簡單的快樂……因為瞭解痛苦，就擁有愛與慈悲，便不會抱怨，懂得幸福之中有痛苦的轉化。

生活中吃苦的體驗，彷彿石縫中涓滴滲出的泉水，滴穿了石頭，人格也就有深刻的養成。我肉體上真正吃苦，是兩年的軍中生活：我每天跑十八公里、數百下伏地挺身、數百下交互蹲跳、在烈陽下出操、吃米蟲與石粒甚多的飯菜。在那個戒嚴的年代，視「合理的要求是訓練，不合理的要求是磨練」，不講究軍人的人權，身受無形牢籠監禁的軀體，完全無可逃避，只有思考從中可以獲得什麼學習。那種變態的對待方式，我沒有白白受苦，磨練出專注的意志，養成節制規律作息，專注面對我的人生，因而考入大學窄門，在此之前，我無法擁有專注的意志，也已經落榜三次。

親愛的長耳兔，沒有人想吃苦，而你卻願意吃苦，這是條成功的捷徑，最能學會人生所有的功課啊！

我給你最深的祝福……

因為吃苦成為習慣，而不喜歡吃甜食的

阿建

奮進的長耳兔：

上一封信我提到吃苦，對於人的生命與存在至關重要。然而，身處進步的時代，吃苦的機會少了，該怎麼辦呢？

我認為當一個現代年輕人，在科技文明進步、生活於安和樂利的時代，不僅不能迴避吃苦，更要主動往苦裡體驗，懂得「自討苦吃」。親愛的長耳兔，我邀請你「自討苦吃」。

尋找一條吃苦的路

我看過一則動物的報導：非洲草原上，弱肉強食是自然的現象。當獵豹追逐一群羚羊，不只是一場速度的比拚，更是一場生死的競賽，只見獵豹奮力奔跑，羚羊群也是賣命奔逃。

非洲獵豹的速度極快，是陸地上跑得最快的動物，羚羊的速度稍遜獵豹一籌，但是耐力卻稍勝，羚羊只有不斷急轉彎閃躲，拉長了時間比拚耐力，羚羊才能脫離危險。

但是獵豹追趕羚羊群時，群體中有成年羚羊，也有剛會奔跑的幼羚羊。成年羚羊卻引領幼羚，往最辛苦的道路前進，引導幼羚奔向險峻的山嶺。

羚羊逃命的山嶺，往往是附近最陡峭、懸崖最多的山嶺。為何在生死攸關的時刻，領頭羊卻選擇最辛苦艱難的路，帶領所有的羚羊奔向懸崖？動物學家們驚訝地發現，當幼羚剛學會在草原奔跑，腹肌並沒有機會完全施展開，所以步幅僅有三公尺左右。當幼羚被獵豹拚命追逐下，面對前無生路的懸崖，在悲壯捨命的一躍中，幼羚也會使出所有的力量，像一張拉滿的弓，毀滅性地拚命一躍，箭一樣地射出去。躍過懸崖的幼羚，腹肌都有不同程度的拉傷，但拉傷之處不久便能恢復健康，而牠們飛奔的步幅卻增長了一公尺，更有能力面對敵人的挑戰了。

羚羊給自己一片懸崖，為自己選擇一條絕境，也選擇一條艱苦的道路，生命才會發展出能力與韌性。

動物學家這也才發現，生活在非洲東岸的羚羊，繁殖能力比非洲西岸強，奔跑速度每分鐘也比西岸快十三公尺。原來東岸的羚羊，生活環境比較艱苦呀！東岸附近不時有狼群出沒，養成了較強的繁衍能力、應變能力和奔跑速度；西岸的羚羊完全沒有，生命便懈怠了。

動物都會為生命選擇艱苦的路，不只羚羊如此。

比如毛蟲破蛹，幻化為美麗的蝴蝶，需要在蛹中蜷伏甚久時間，才能等待殼裂，陽光透進。並且還需振奮著最大的力量，痛苦地將繭撐破，那個過程需歷盡艱辛，才能使得毛蟲展現蝶翅的力量，輕輕揮灑便自在飛行。曾經有個小男孩，不忍心蝴蝶破繭的辛苦掙扎，拿起剪刀將繭剪破了，蝴蝶順利掙脫，但是翅膀也失去珍貴的力量，沒有生命力足供飛舞的蝴蝶，最後只能奄奄一息以終。

親愛的長耳兔，吃苦是生命力重要的養成，為了讓生命更有能量。

青春吃苦好人生

跟你說一個朋友的故事，當他自討苦吃之後，生命經歷了巨大的感動與改變。我這位朋友，就稱他「阿轉」吧！

阿轉是一個嚮往文學的青年，但是他大三那一年，經歷了痛苦的失戀，失落與悲傷襲擊了他，他想找個地方將自己忘記，也將這個世界遺忘。

他寫信告訴我，決定孤身去流浪，因為失戀讓他感到空虛，他想要讓自己去經歷什麼，好找回某個能真實體驗的自我。

親愛的長耳兔，據我的理解，進行與過去不同的生活體驗，最能讓感官啟動，尤其是較為辛苦的體驗尤然，生命的力量往往就此被激發。

他以打工的錢，購買廉價航空機票，跑到距離台灣甚近的深圳，雖不知道如何開始流浪，流浪卻早已經悄悄開始了。

他不知何去何從，每天蓬首垢面且無精打采，在深圳的機場遊蕩，聽見有人兜售烏魯木齊的機票，只在教科書聽過的地名，是沙漠中的一個城市，他便買了票，來到烏魯木齊。未料到的是，烏魯木齊是一座現代化城市，哪有沙漠的感覺？他跟隨一支駝隊，漫無目的走到駝隊解散了，又不知道該何去何從。

他原先跟著駝隊往南方走，一旦脫離了群眾，他自己又該上哪兒呢？

他估量眼前的形勢，往西走是高加索山，不僅未辦簽證，那條路也不適合行走；往東走是戈壁沙漠，不只日夜溫差大，一路也杳無人煙，不渴死餓死也被凍死了，若是想經驗那種苦，就是自不量力的尋死了；至於往北的路途呢？他就是從那兒一路走來，不想返北走回頭路了，因為人生的路，他不想重來一遭；他僅剩一個選擇，往南經過青藏高原，到西藏的拉薩去吧！雖然高山險峻，行路困難重重，但不至於丟掉性命，不正符合他想將世界忘記，將自己遺忘的初衷……

主意打定之後，阿轉開始徒步行走，然而道阻且長，阿轉決定：搭便車吧！他以五十元人民幣，攔到一輛載西瓜到拉薩的卡車，他坐在卡車後座抱著西瓜，一路望著越發遼敻的藍天，顛簸著身軀唱歌前行，感到人生的荒涼與哀愁，也讓他體驗了巨大的身心困苦，內心湧現了無限感觸。直到卡車來到那棱格勒峽谷，這個號稱死亡之谷的地方，後座的阿轉夜裡發燒了，他感到身體畏寒，全身開始顫抖，他意識到死亡在身邊徘徊，突然有一股生的渴望升起。阿轉想著父母不知他來流浪，突然很想念父母；他還有文學的夢想，想成為一位作家；他還想要談一場新的戀愛，想要重新開始美好的人生……

阿轉步伐踉蹌，懷著求生的欲念，跳下西瓜車，向駕駛座熟睡的司機求助，無奈司機以雷鳴的鼻息回應，他最終無助地回到後座，瑟縮在西瓜堆裡夢囈著。直到司機發現他生病了，飛快地開著卡車直奔拉薩的醫院，才終於撿回一條命。

經歷這段艱辛的旅程，他覺得世界不一樣了。阿轉告訴我，當他站在拉薩的蒼穹下，感到肉體有一種敏銳的震顫，心靈也有一種前所未有的清新美好，他擁有了充沛的能量。

我覺得這是吃苦磨練後的力量。孟子說：「天將降大任於斯人也，必先苦其心志，勞其筋骨，餓其體膚……」

從身體體驗受苦，心靈也有機會昇華，生命就能展現美好風華，唯有青春是最有資格受苦的年紀。

只是吃苦而已

長耳兔呀！我期望你找苦來吃，並且告訴自己：只是吃苦而已呀！心態上就會甘之如飴地接受，而能收致最大成長。

阿轉在流浪之後，生命變得有很多可能，以往不想做的、不願意做的事，他都變得更積極了。甚至在兩年後，他又積極地重回拉薩，從昆明騎腳踏車，經歷風吹、雨打、破胎、感冒、腹瀉、受傷、被搶劫……憑毅力騎了兩千多公里路，身體與心志都有了深刻的歷練。

阿轉後來達成夢想，成了一位文學家，出版的書極其賣座，甚至拍成了電影，他在人生的旅途裡，憑藉著吃苦的體驗，踏著堅實的步伐。

親愛的長耳兔，我邀請你刻意吃苦，親力親為勞動自己的身體，如掃地、搬東西、爬樓梯、洗碗……體驗一場流浪的旅程，並且以貧窮旅行的方式，體驗心靈的豐盛，打造身體的韌性；在運動中更堅持一下，感受汗水流淌的意義；感受心靈遭受的打擊與痛苦，洗滌出一顆堅韌之心……

親愛的長耳兔，唯有在青春，唯有迎向苦楚，唯有立刻經驗，且告訴自己：只是吃苦而已……

如今遭遇痛苦，也能敞開心靈，微微一笑的

阿建

振作的長耳兔：

有一段時間了，你有一種欲振乏力的感覺，想要力圖振作，卻又提不起勁兒，時間就這樣流逝了。

我漫長的學生生涯，這種感覺一直伴隨，想要好好讀書，又不知從何讀起？因為落後的進度太多了，怎麼讀也讀不完！想要好好鍛鍊身體，卻覺得好累呀！想要做一些有意義的事，無力感卻一直干擾著……

我也訂了目標，每天計畫讀書三小時，運動三十分鐘，打掃自己的房間……無奈我總是什麼都沒有做！

我後來才學會該怎麼面對這種處境，瞭解人處於無力感的原因；才懂得運用內在的力量，並且經常帶領青少年從生命中提取力量，達成每一個具體的目標。

在提如何改變處境之前，先講個眾人皆知的小故事吧！

一朵山茶花

天色逐漸黯淡下來，賣花的女孩準備回家了，她今日的運氣不錯，花兒幾乎賣完了，只剩一朵山茶花沒賣出去。在冷雨霏霏的街頭，女孩欣慰自己一天的成果，卻看見有一名流浪漢，正神情委靡地蹲在路邊呢！她感恩上蒼給自己好運氣，因此將最後一朵山茶花送給流浪漢，期望流浪漢也能擁有幸運。

流浪漢從來沒有收過花，何況是美麗的女孩所餽贈，他從來沒有用心愛過自己，也未接收過他人真心的愛呀！他看著這朵山茶花，淡淡的粉紅色澤，流浪漢突然不想流浪了，決定提前收工回家。

他從雜亂的家中櫃子，找出沾染灰塵的舊瓶子，將山茶花插進瓶裡。他靜靜地欣賞這畫面，感覺山茶花真是幽雅美麗，就在這一瞬間，他忽然覺得瓶子太骯髒，和美麗的山茶花不相配，決定將瓶子洗乾淨。

流浪漢靜靜地，欣賞瓶子裡的山茶花。

他發現這朵山茶花，雖然插在乾淨的瓶子，但是桌子卻髒亂無比，實在太不搭配了，他決定動手將桌子擦乾淨，把雜物收拾整齊。

流浪漢靜靜地，欣賞桌子上美麗的山茶花。

他覺得這一切，竟然這麼美好！然而乾淨的小瓶子，一朵美麗的山茶花，卻出現在髒亂的房間裡，實在太不協調了。他又做了一個決定，一個長久以來想做、卻一直沒有力量行動的決定：把整個房間打掃一遍，將物品擺放整齊，清空不必要的垃圾。

流浪漢賣力地清掃房屋，費去了三天的時間，終於擁有乾淨且舒適的屋子了。他再次靜靜地，欣賞房裡美麗的山茶花，甚至聞到山茶花動人的氣味，真是一個溫馨的時刻呀！

正當他陶醉在其中，突然發現眼前的鏡子，美麗的山茶花旁邊，坐著一個邋遢的人，骯髒落魄、衣服破爛，真是太不協調了，這副德性怎麼會在乾淨的房間裡？尤其與山茶花相伴呢？

那個鏡中人竟是自己！

流浪漢立刻梳洗整理，那是他多年來第一次梳洗，鏡子裡出現了一名乾淨帥氣的年輕人，和山茶花相映成趣。他靜靜地欣賞山茶花，欣賞這間乾淨的屋子，欣賞鏡中的年輕人，他突然覺得自己是個不錯的人，為何要去當流浪漢呢？

他想不起自己為何變成這樣：似乎是經歷了一連串的不如意，他讓家人失望也讓自己失望，便慢慢變成如今這副墮落的樣子，日子就此一去不復返了。他流浪街頭行乞，翻找垃圾桶的食物，在每一個角落尋覓，將自己活得邋遢落魄，其實他並不想這樣活著呀！這麼多年來，他第一次有清新、覺醒的感覺，他決定重整自己的人生。當他站在整齊的房間，身穿乾淨的衣服，美麗的山茶花安靜伴著，綻放淡淡的幽香，他決定為人生邁出一步：去找一份工作，過美好的生活，不再當一個流浪漢了。

他曾經當過流浪漢，不怕骯髒和疲累，因此順利找到一份工作。他心中有一朵美麗的山茶花，飄送出淡雅的清香，督促他努力向上，幾年後，他成了有成就的人。

流浪漢的掙扎

親愛的長耳兔，我們將流浪漢的故事，倒轉到還沒出現山茶花的日子。

那是一個冷雨的天氣，流浪漢在街頭行乞，淒風苦雨讓他挨餓受凍，他看見人們從餐廳進出，從超市購買日常用品，回到溫暖的家，心中有很深的感觸。

流浪漢想，自己是不需要流浪的，因為他擁有一間房子，每晚都會回去窩著，那間屋子冷清破舊，但是他可以好好整理乾淨，像街上那些回家的人們，舒服地吃一頓豐盛的晚餐。不過他的晚餐沒有著落，到哪兒弄一餐像樣的美食呢？也許他可以打工，只是城市哪裡有好工作呢？

流浪漢凍著、餓著、流浪著，路人賞了一點錢，夠吃一碗麵了。流浪漢吃著熱騰騰的麵，雖然無法飽足，卻足以暫時充飢了，他想著回家灑掃整理，等機會賺一頓豐盛的晚餐，就能溫馨過一個好日子了。

但是流浪漢回到家裡，望著堆積如山的雜物，看著滴水漏雨的角落，想將房子整理乾淨，還真不知道從何開始著手呀！流浪漢瑟縮在床角，看著雜亂的房子，時間滴答過去了，已經很晚了。流浪漢日復一日的想：下次有完整的時間，再好好整理吧！

流浪漢每日出門行乞，總想著要結束這樣的生活，卻覺得若不先整理房屋，心裡總覺得不踏實。每當流浪漢回到了屋裡，又覺得一屋子雜亂，真是讓人生厭呀！要整理到什麼時候呢？還是下次再說吧！

日子就在流浪與擺盪中過去了，流浪漢想要好好振作，卻感到欲振乏力。因為家中漏雨的地方更多了，雜物與垃圾更充斥了，日子繼續這樣過下去，他偶爾看見人們從餐廳進出，看見人們帶著家的溫暖，他就興起想振作的念頭，想著今天將客廳清理好，想著廁所也要刷洗，想著臥房也要整理乾淨，想著要找一份好工作，想著有錢要買一套帥氣衣服……彷彿成了魔咒一樣禁錮著他。

他想了很多，而且想得太多了，一想到要開始行動了，就覺得很累呀！他多希望一次就能做好所有的事呀，但很難一次就做好，他陷入疲憊的循環……

直到一朵山茶花出現了。

為自己插一朵山茶花

親愛的長耳兔，這雖然只是一個故事，我卻深有感覺。從流浪漢的故事裡面，你看到了什麼嗎？山茶花擁有什麼力量，能讓流浪漢瞬間改變？

當一個人想要改變，往往陷入迷思：願景是宏大的，目標是遙遠的，期望迅速能改變的。人們看不見「一點點改變」的價值，無法欣賞「一點點改變」的美麗，不願意進行「一點點改變」的行動。

人們總想要「大大的改變」，讓生活立刻翻轉，徹底改變眼前的處境。很有意思的是，人們一旦出現這樣的想法，宏大的願景、目標往往變得遙不可及，將之背負在肩膀上，只感到越來越沉重，也將自己力量削弱了，反而什麼也做不好，甚至什麼也做不了，就更有欲振乏力的感覺。

長耳兔，你有答案了嗎？你如何為目前的處境，創造一點小小的改變，而不是大大的改變？並且將這點小改變，視同美麗的山茶花一樣珍惜？

我邀請你，放學回家之後，不要預計讀書三小時，改為設定讀書二十分鐘吧！拿出一個鬧鐘，設定二十分鐘，在二十分鐘以內拚命地專注於當下的內容，只要專注地讀書二十分鐘就好。當讀畢二十分鐘，請真正欣賞自己的認真，像欣賞美麗的山茶花一樣，你不妨看看會有什麼改變？

在我過去的經驗中，這份改變之不可思議，像流浪漢遇見山茶花一樣強大。

在生活中種滿山茶花的

阿建

10.

動人的長耳兔：

上一封信，我邀請你在生活中創造一點兒改變，並且真心欣賞這點改變，如欣賞一株山茶花，就能改變人生。

這不是神話，而是真實能發生的。

我青少年時期學不會看重小改變，看不起一天只讀書二十分鐘，總想要來個大改變，期待一天認真三小時，卻讀書不到五分鐘。我對自己有高期待，但是無法滿足自己期待，失望的感覺日益加深，心靈日漸沉淪，淪入萬劫不復的深淵。我越來越覺得時間不夠，力量更使不出來，內心被煩躁困住了。

紀律始於小堅持

一九八九年我從軍隊退伍，打工一陣子之後，決定重新考大學，又不想花錢去補習班，但是我以前的學業那麼差勁，前三次聯考成績分別是**183**分、**210**分、**217**分，離當年大學窄門最低分**360**分還差了**140**分，我該怎麼辦呢？當兵又荒廢兩年課業，單憑在家念書，我是否能夠相信自己？我是個沒有意志力的傢伙呀！但自學是我唯一的選擇，我不想再增加父親金錢負擔，也不想再承擔更大的失望了。

我決定在家讀書。

我深深瞭解自己無法立刻投入專注讀書的狀態，因而對自己放寬標準，二十四小時的居家時間，只要認真一小時就行了。我準備了一本記事本，打算記載每一天讀書的成果。

我的筆記本記載：一九九〇年一月四日開始讀書。

一月四日：英文單字三個。演算數學一題。

一月五日：英文單字五個。英文片語兩個。國文二十分鐘。

一月六日……

親愛的長耳兔，這小小的成果，如一朵美麗的山茶花，可以改變生活的面貌。當一天結束的時候，我總是看著筆記本，雖然沒有認真一整天，但是也沒有完全浪費時間。我像欣賞山茶花一樣，欣賞自己的讀書成果，雖然只有一點點進展，心中卻不再被愧疚、懊惱、沮喪、憤怒與無力感糾纏，反而有一種踏實的感覺，從我真心欣賞一丁點兒成果開始。

我更有力量走下去了。

其中一些日子，我完全沒有讀書，筆記本發揮了功效，我看著前幾日的「功績」，心靈便感到安慰，有動力繼續往前邁進。

我心靈裡累積一點兒力量，每天專注讀一點兒書，成了一種習慣，並且慢慢地擴大讀書時間，最終形成美好的紀律。

我在巴菲特的傳記中，看見一個小故事。

巴菲特和朋友們打高爾夫，某人提議大家打個賭，用十美元打個無傷大雅的小賭。但是巴菲特拒絕了，他說：「如果讓自己在小事上沒有紀律，很可能在大事上也沒有紀律。」

眾人都知道巴菲特很富有，原來他對於小事也不違反自己的紀律，這讓我想到很多想戒菸、戒酒、戒毒，甚至戒電腦遊戲的人，一旦未守住小小的紀律，往往一頭栽入萬劫不復的漩渦，終究難以自拔。我認為紀律來自於堅持，也始於小堅持，看重小堅持，便成就大成果。

我每天都記錄著努力，筆記本書寫著努力的軌跡，真是讓自己激動呀！到了一九九〇年六月分，我每天專注的讀書時間，已經能持續達到十個小時。每天五點鐘起床，掃地、倒垃圾、煮飯、背英文單字，我像個苦行僧一樣，成為一種自然的規律。父親也感覺到我變了，再也不用叮嚀我讀書，逢人就稱讚我的改變。對父親的稱讚、對自己當時的投入，我充滿無限感動，也擁有無限力量。

一九九〇年七月的大學聯考，我以一種輕鬆與自信，總分考了**397**分，較過去大幅進步**180**分，雖然分數並不高，卻令我感到滿意了。這一切的成果，都是從一月四日的三個英文單字，以及一題數學開始。

面對壓力的方法

然而，有些人對自己期待很高，長期對自己的看法很負面，一想到要認真努力，心裡面的壓力便一湧而上，感覺巨大的空虛、不安、浮躁，甚至沮喪，連一點兒的力量都使不出來。

那該怎麼辦呢？遇到這樣的狀況，常使人心陷入荒蕪之中，身心彷彿太空漫步，潛意識裡常莫名自責，日子過得一點兒都不踏實。

親愛的長耳兔，人難免有這樣的時刻。

當身心都覺得疲憊，想要努力、卻連一丁點力氣也使不出來，遇到這樣的情況，我有幾個方法提供你參考。

第一個是：接納自己什麼都不做吧！刻意讓自己一天或兩天什麼都不做，並且告訴自己「這是休息與放鬆」。讓心靈有意識地停下來，並且避免頭腦產生自責的念頭。如此一來，有助於舒緩心靈，重新提起動力，面對這個世界。

第二個是：要懂得靜心的方法。找一個屬於自己的空間，緩緩地、安靜地坐下來，並且專注地深呼吸：感覺呼吸從鼻腔進出，讓心慢慢靜下來。當心靈稍微靜下來之後，問自己：「是否真心願意改變現況？」若是真心願意改變，當睜開眼睛之後，讓自己專注努力三分鐘吧！三分鐘就好了。

第三個是：進行面對壓力冥想。明知自己必須去面對壓力，但是卻有深深的無力感或者焦慮，而遲遲沒有行動。這些壓力來自於讀書、工作、運動，或者勞動。

請閉上眼睛，想像壓力就在眼前，不得不去面對這苦痛。在深深的呼吸之後，專注感受這壓力與痛苦，一般人都是在潛意識裡逃避，但是壓力卻如影隨形地附著，並未真正躲掉這壓力。人們不知道專注感覺、面對壓力，就能改變現狀，身心就能充滿力量，因此透過冥想穿越壓力，是有效振作的方法。當冥想時越能感覺壓力，越能專注以對，就越能讓自己改變。

冥想壓力與痛苦時，想像自己站在一座運動場上，運動場上的跑道，將通往美麗的桃花源，但是壓力大規模瀰漫在前方，只要穿越壓力區，就能到達美麗的、愉悅的、放鬆的桃花源。讓自己像個勇敢的運動員，集中所有的力量，對著瀰漫的壓力區大吼一聲，勇敢地、專注地、不停

留地衝入壓力區，即使感受巨大的痛苦也不停止，當衝過壓力區之後，感覺身體無限美好、愉悅與輕鬆，這時要真正感受身體的放鬆。

這樣的冥想，每天在面對壓力之前，連續做三次，然後立馬去行動。

面對壓力的冥想，陪我正面且積極地創造活力。令我驚訝的是，我後來才得知，很多人都創造出類似的方法，以大同小異的冥想面對壓力。我在《**THE TOOLS**：五大工具把問題變成勇氣、信心與創意》（台灣方智出版社）一書，也看到好萊塢醫生運用此種方法，雖然不完全相同，但是方法與目標都是一樣的，你也可以買書來參考運用。

親愛的長耳兔，我在信中提供甚多具體建議，我邀請你不妨嘗試一下。

每天做一下伏地挺身，背一個英文單字，閱讀一頁書的
阿建

不斷追尋的長耳兔：

很多人問你，人生的目標為何？你總是不知如何回答，並對此感到焦慮。

這個世界的人，有時候比較心急，總是期望得到答案，解決他們所認為的問題，一番好意卻成了壓力。

人生應該有目標，聽起來理所當然，這也是我從小學到的。但我成長的經驗裡，發現像你這樣的年紀，尚在求學的青少年，能找到目標的人，大部分都是功課出色，或者在某個領域有好表現，比如球類、音樂、繪畫……

對於大部分未被看重、或者表現不如理想的人，他們也許找不到目標，也許有目標也不想說出來，有時候就會晃晃蕩蕩，不知道該如何面對世界。

親愛的長耳兔，沒有確定的目標，是很正常的事，也可能是一件好事，那表示人可以多方探索，探索出自己想要的方向，目標就會漸漸浮現。

我覺得在你這個年紀，比目標更重要的事，是探索人生各種可能，積極地努力嘗試。不知道自己要什麼？常常是找不到被肯定、有興趣的事物，那就找幾種值得投入的事物試試吧！

所謂的目標，是創造出來的。

一萬個小時的努力

找什麼事物嘗試呢？比如英文、生物、語文、音樂、木工、種植、滑板、寫作、繪畫、籃球……在實踐過程中，也許會看見目標，至少會取得成就感。

為什麼積極探索，會看見目標呢？

親愛的長耳兔，跟你分享一項研究數據。

一九九〇年代，以**K. Anders Ericsson**為首的心理學家，進行一項天賦與努力的研究，他們選定的研究對象，是一群主修小提琴的學生，都就讀於柏林頂尖的音樂學院。

心理學家依音樂表現，將學生分為甲、乙、丙三組：甲組是最頂尖的學生，應會成為傑出的音樂家，甚至可能揚名國際；乙組則是音樂表現還不錯，未來可能是大樂團裡的一員；丙組則很難成為音樂家，頂多在學校擔任音樂教師。

Ericsson想瞭解，成為一名音樂家，是否可以憑藉努力？還是天賦使然？

Ericsson發現，無論是甲組、乙組或丙組的學生，他們學習小提琴的年紀，全都是在五歲左右。開始學習小提琴之後，三組的學生，在五歲到八歲時，每週平均練琴三小時。但是隨著年紀漸長，他們練習的時數也有所不同，這群二十歲左右的學生，甲組的學生，在學琴的十五年間，每人練習約一萬個小時；乙組的學生，練琴時數平均八千個小時；至於丙組的學生，練琴時間大約四千個小時。

他們繼續研究鋼琴家，發現業餘鋼琴家與職業鋼琴家的區別，也是一樣的狀況。兩者在二十歲以前的練琴時數，是兩千個小時比一萬個小時。往後陸續有專家研究，不只是音樂上的造詣，包括作家、棋士、某類運動員……這些項目的頂尖人士，他們練習時間都長達一萬個小時。

Ericsson等心理學家歸納出一個結論：不需依靠天分，想成為傑出人士，只需要不斷練習。

作家葛拉威爾在《異數》一書中，歸納了幾個眾所周知的名人：曾經稱霸世界樂壇的披頭四，在未成名的十年間演唱過一千兩百場演唱會，終於發表了席捲全球的登峰造極之作；比爾．蓋茲創辦微軟之前，曾經連續七年寫電腦程式，孜孜不倦投入程式語言研究。

親愛的長耳兔，當我看見了這個資訊，感到極度的興奮。我興奮的是，原來人人都可以成為頂尖的專家，也許不需要特別的天分，只要投入一萬個小時努力就行呀！

四千個小時的努力

我曾經教過一個學生阿山，我們有深厚的感情。他十四歲的時候，幾乎放棄所有的課業，英文連二十六個字母都不懂，百位數乘法不會算，國字認識不了幾個，他除了玩耍之外，找不到目標。

能夠談上目標的，是一個遙不可及的夢：成為舞台上的搖滾樂鼓手。但是阿山不敢說出來，怕被眾人譏笑。十四歲的阿山，每週上一小時打鼓課，其餘時間拿著鼓棒在破爛上敲打。

阿山只能慢慢練習，直到十八歲那一年，他從高中畢業了，不知道哪裡來的決心，租了一間郊區的房子，每天專心打鼓九小時。在沒有鼓可打的空檔，他就空手模擬打鼓練習，每天將近練習三小時，一年來從不間斷。一年過去了，他成了樂團的鼓手，並且巡迴各地公演，甚至多次出國表演。也許因為有了信心吧！他考上了大學，英文的程度突飛猛進，還能跟外國人談話與寫信，上大學的打工工作就是教人打鼓！

那一年對他極其重要，讓他成為樂團的鼓手，我認為他的成功，應是那一年不間斷地打鼓吧！我計算他練鼓的時間，一天十二個小時×三百六十五天=四千三百八十個小時。若扣除過年休息，應該也有四千個小時吧！

阿山不一定是個頂尖的鼓手，但是一年內練習四千個小時，從**Ericsson**的研究看來，足以成為一個教學者了。

親愛的長耳兔，我回想自己的生命，也是這樣子成長的。

學生時代的我，一直找不到目標，渾渾噩噩入伍了。軍中苦悶的日子裡，我寫日記記錄心情，兩年內寫了六本日記，竟然寫出了興趣。如今回首，軍中寫日記的時間，應也有幾百小時吧！因此寫作進步很多。二十二歲以前的我，投稿校刊從未錄取，作文比賽從未得名，想不到因為當兵寫日記，而喜歡寫作這件事，決定退伍後報考中文系，最後如願上了大學。

然而上了大學，我也沒有明確目標，只是每天抽空寫作，或進行寫作有關的活動。當年中文系的同學，多半以老師為未來目標，我卻沒有明確目標，因為寫作被視為沒有前途。我大學畢業後流浪三年，仍舊在打工之餘寫作，若是計算寫作時間，從二十歲入伍寫日記，到三十歲的十年間，也許已經累積四千個小時在寫作上了，成為作家的目標浮現了，最後我也成了一位作家。

三十三歲那一年，我接觸了心理學，不只積極上課進修，勤於閱讀上課筆記，博覽心理學書籍，不斷地練習運用。從三十三歲至今，我除了工作之外，持續投入寫作，也投入心理學學習，十五年過去了，我專注於心理學超過四千個小時了！我成了別人口中的「專家」。很多人認為我擁有天賦，卻不知我投入學習超過四千小時。

沒有目標也可以努力

原來成功並不困難，確立目標也很容易，投入一萬個小時練習，就能成為頂尖人士，投入四千小時的努力，便成就一項專業。目標在努力練習，不斷嘗試之後，就能漸漸浮現出來。

親愛的長耳兔，若計算投資報酬率，十年間投入四千個小時學習，每年只要投入四百個小時，每個月只要投入三十三點三三三小時，每天只要投入一小時十分鐘就能達成了。若是每天投入的時間到達三小時，十年之後，就能成為頂尖人士了呢！

長耳兔，不管基礎如何，從現在開始學習，每天一小時十分鐘，十年後看見成果，聽起來是個不錯的主意吧！投入語言學習，成為語文老師；投入直排輪練習，成為直排輪教練；投入樂器練習，成為音樂達人；投入舞蹈練習，成為舞蹈老師⋯⋯若是可以投入全天的學習，每天八小時的投入，一年多就能成為專業人士呢！比如成為木工、泥水匠、油漆師傅、水電師傅、廚師、園藝家、教師、教練⋯⋯

投入什麼學習都好，因為學習就是目標。

想每天倒立一小時，成為倒立達人的

阿建

今天是第23天早睡早起。

12.

進取的長耳兔：

我們常聽見人們教導，或者現身說法，說明要如何成功。

這些方法再好，都需要魄力去執行，尤其是立刻執行的力量，才不會化成一場空談。

有個人們耳熟能詳的故事——窮和尚與富和尚，最能提供人們省思。

「執行力」與「只是想」

四川某地住著兩個和尚，命運大不相同。一個和尚很有錢，吃得飽穿得暖，房子也住得豪華，日子過得很舒服。另一個和尚很窮，穿得破爛住得簡單，吃飯還得靠化緣，日子過得很辛苦。

村子裡的人稱他們兩人：富和尚與窮和尚。兩位和尚都很虔誠，每天吃齋唸佛誦經，也樂於做善事，都希望能在佛法上擁有更好的境界。

有一天窮和尚對富和尚說：「我想到南海之地，去佛教聖地取經，你認為如何？」

富和尚說：「我也想去南海呀！你倒說說看，幾千里的旅程，你要怎樣前往呢？」

窮和尚說：「我想準備一個水壺、一個吃飯的碗，一路化緣去那兒。」

富和尚聽了哈哈大笑說：「幾年以前，我早就下決心了，打算租一條船到南海。但是租船的錢，以及沿途的旅費，我目前都無法辦到，還有很多顧慮。我的條件比你好，都還沒有完成準備，你只靠一個水壺、一個吃飯的碗，就想到南海取經，怎麼能去得成？真是痴人說夢！」

窮和尚沒有打退堂鼓，仍舊決定去南海，會遇到什麼問題？到時候再解決吧！

富和尚仍然籌錢租船，計算旅途的花費，為自己的行囊準備，也常向村人提起去南海取經的事。一年之後，當富和尚仍盼望著去南海，還在談著南海取經之後的修行，窮和尚已經從南海回來了。

長耳兔，想要完成夢想，不能只是用想的，需要勇於實踐。富和尚想得太多了，他只需要實踐就行了，遇到困難再想辦法解決，因為執行的過程，會產生往前邁進的動力，也會將心思投注在目標上，不斷地產生各種應對的能力。

無結果的執行？

行動的力量很重要，只有開始實踐了，想到達的目標就更接近了。然而，也有些人會擔心，若自己做不好，或努力了卻得不到，那不是徒勞無功嗎？

親愛的長耳兔，天底下沒有白吃的午餐，也沒有白白浪費的體力，每一次付出的背後，我認為，一定有收穫。因為行動的過程，會讓人視野不同，體驗也會不一樣，也許未達到原本的目標，卻發現、領略了各種美麗，便可能有意想不到的收穫。

每個人都想成功，更有人想一夜致富，來到金沙河畔淘金的人，就可說明一切。來自各地的淘金者，在河床邊挖了許多坑洞，希望找到大量的金子。有些人運氣不錯，有些人卻一無所獲。

佛萊特在金沙河畔淘金，他將僅有的錢掏出來，買了一塊臨河的土地，辛苦地挖掘幾個月，只見土地都被翻過來了，連一粒金沙也沒看見。他已經開挖半年了，窮得幾乎三餐不繼，打算離開此處另謀生路。

親愛的長耳兔，佛萊特即使努力執行，並未得到他想要的結果，這是人世間經常出現的狀況。然而，故事還沒有結束……

他即將離開的晚上，天空下起了傾盆大雨，被雨困住的佛萊特留了下來。幾天以後雨停了，他發現土地上的坑洞被水沖刷平坦，有些鬆軟的土地上，長出了青綠色的小草。佛萊特靈光乍現，這片土地幾乎已經開墾過了，為何不種花，再拿去鎮上販賣呢？

佛萊特想法子弄來花的種子培育，土地上開滿各色鮮花，佛萊特成了一位成功的花農與花商，五年之後佛萊特成了一位富翁。

佛萊特的故事，是個美好的比喻，我深感親身經驗事物，會磨練思考、意志，也會迸發靈感，這是我有了行動力之後，最常有的體悟了。

JUST DO IT

曾經有個球鞋廣告，鼓勵人們要**JUST DO IT**，立即去實踐夢想。我對這個詞彙，有著深深的體認，因為我曾面對無數課業、工作與責任，都需要立刻實踐，才能有所進展，然而我只是想著要去做，卻一直沒有去做，想做的事情越累積越多。我覺得自己像永遠在「想」的富和尚，而不是趕緊去「做」的窮和尚，看著一個一個行動的窮和尚，我心裡面充滿悔恨，也充滿著深深的無力感。

當我十六歲時，終於在家中擁有自己的房間，我喜歡待在自己的房間，無論是看書、聽音樂、發呆、睡覺、做自己的事……都是那麼自由放鬆。但是我的房間沒多久就亂了，而且時間越久就越亂，我總是想著好好整理，但總是想著而毫無行動，房間的雜亂越累積越多，我想要整理的念頭雖沒停過，卻覺得要整理而不知從何開始。

好幾次的經驗裡，我為了清出桌面空位，不經意地開始收拾，收拾的面積擴展了，我彷彿啟動了馬達，不停地運轉下去。原本不知如何安置的事物，都在整理的過程中，想出如何處置的方法，最終整理出整齊乾淨的房間。

不只整理房子如此。我曾經翻修家中的房子，在一番規劃設計之後，開始行動修整。當初的規劃在執行的過程，總會有所更動與思考，但是執行的過程卻是積極的，因為正在實踐的力量讓我開始注意很多事物，比如注意人家的大門是如何設計？客廳磁磚如何挑選？廁所的門選用何種材質？人家的書架是怎麼規劃？木工的裁切與選擇如何？甚至我每次注意美麗的建築，觀察創意且美麗的設計，注意磁磚的縫隙與線條的安排，研究顏色與線條的搭配，我腦中對於翻修中的房子越來越敏銳。

讀書的過程也是如此。我猶記得自己英語差勁，總是想認真學好英語。我從一天背誦數個單字開始，雖然字數很少，卻已經開始了！我背誦「高麗菜」這個單字，字彙常不斷在我腦海裡運轉，每當我吃到高麗菜，便會想著這個英文字；不只如此，當我吃到萵苣、茄子、木瓜、蘿蔔……我便想查一下這些食物的英語單字。當我看見路邊的電線桿，我就想著英語該如何拼？我便是在這個過程中，增加不少英語單字的字彙，使得我在二十八歲的時候，擁有了第一次出國的機會：到菲律賓擔任外籍移工的口語翻譯。

因為執行的力量，像一部運轉的引擎，一旦引擎啟動，力量、思維、耐性、好奇便不斷被啟動了，讓我充分體會《荀子》說的：「坐而言，不如起而行。」

親愛的長耳兔，執行是非常有力量的，現在就選定一件事，立刻執行吧！

在寒冷的冬夜，想尿尿就立刻執行的

阿建

青春的長耳兔：

很多提不起勁兒努力，沒有行動力的人，往往會覺得自己落後太多，或者覺得現在努力已經來不及了。這曾是我長年以來不斷在心裡說的話，總想著時光若能重來多好？想著自己再年輕一點兒就好了。

但是這些年我學到的是：永遠不要嫌太晚，只要你想要，並且去行動，生命就充滿可能。

永遠不嫌晚

我以前很想將外語學好，隨著年歲漸長，總覺得自己太遲了，為過去浪費的時間而懊惱。然而，幾歲學習才不晚呢？來看幾個小故事。

孫中山逝世前，曾接受一位美國記者採訪，年邁的國外記者，竟然全程用流利的漢語訪談，這位美國記者名叫馬維爾，據說七十歲才開始學習漢語。

當我讀到這一段軼事，心裡很佩服這位記者，我比他年輕那麼多，何況漢語比英語困難，他是怎麼做到的？

後來我發現，像馬維爾這樣的人還不少呢！

最讓我感到勵志的故事，是一則計程車司機的報導——他努力學習的故事。

林先生原本在工廠上班，收入雖然不豐，但踏實努力工作，勤勉安詳的日子也過了幾十年，無奈的是工廠關閉了，失業後沒了收入，年近半百的他該怎麼辦呢？

林先生決定開計程車維生，一天開車十個小時，賺取微薄的薪資養家，日子倒也過得去。但隨著大眾運輸系統完工，經濟不景氣的影響，他的收入少了一半。他常在天母附近開車，那裡有美國學校與外商公司，不少外國客人搭乘。林先生心想：何不開發外國人市場呢？因此他開始學習英文，當時林先生已經五十多歲，才從二十六個字母重新複習起。

當時有人說：「吃飽太閒了，應該趕緊開車賺錢。」「那麼老了，從頭學英語，哪裡來得及？」「太遲了啦！記憶力都退化了。」

但是林先生不為所動，他每天八點出門，在排班等乘客的空檔，抽空讀英文雜誌，晚上聽英語廣播訓練聽力。

長耳兔，這樣的經驗我也有過，一開始決定去做，會經過辛苦的過程，看不到成果何時顯現，人們常在此處放棄，但是林先生並沒有。當他開始學習英語，雜誌上的單字都不會唸，他需要每個字都去查發音，不只進度非常緩慢，也看不到讀書的效果，持續了兩年的時間，才感到英語能力顯著進展。當林先生英語逐漸能聽能說，他準備了英語名片，更在車上的貼紙寫著「**English Taxi**」。他不只開始服務外國客人，也將外國乘客當英語老師，外國客人習慣指定搭乘他的車，他的收入不僅數倍於以往，開車的時間反而更少了，也結交不少外國朋友。

當林先生六十歲的時候，為服務日本客人，他開始學習日文，日本人現在已經成為固定乘客了。

親愛的長耳兔，讀了這兩個小故事，你有什麼想法呢？我突然覺得人生好有希望呀！

永遠都有可能

我們生長的世界，是個美好的年代，只要肯努力學習，永遠都有可能成功。這些努力不懈的人，應該看到未來的畫面，或看了他人成功的典範，也許興起了「有為者，亦若是」的心念吧！

採訪孫中山先生的馬維爾，在更早之前的美國南北戰爭，也曾經採訪過林肯總統：「歷任總統都做不到簽署文件，林肯怎麼會簽署解放黑奴宣言？」這一段訪談還未結束，林肯就趕著行程離開了。

林肯後來被射殺，馬維爾已經無法得到解答了。直到林肯逝世數十年後，馬維爾從林肯的一封信，得到了他想要的答案：林肯的父親早年買了一處農場，這座低價取得的農場，表面布滿了石頭，不容易用來種植、畜牧與建築。母親提議要將上面的石頭移走，但是父親表示，如果石頭能輕易搬走，人家就不會賣給我們了，這些石頭連著那些山頭，想弄走石頭，談何容易？

當林肯父親出差的時候，母親領著孩子們將石頭移走，發現並不如想像中艱難。

林肯在信結束時說：「有些事情人們不去做，是因為他們認為不可能，然而許多不可能，存在人的想像之中。」

馬維爾讀到這封信時，據說已經七十歲了，就在這一年他下定決心，要好好學習漢語。

只要你想要，並且實踐了，永遠都有可能。

除了不被年紀限制，還有更多不被限制的例子，他們都突破生命的侷限。比如有位叫談力的推拿醫師，他的興趣非常廣泛，是好學不倦的典範。某天一名腰椎間盤突出的病人來看診，漸漸地兩人成了好朋友，這名病人是位攝影師，攝影家提議：「你有這麼多興趣，敢不敢學攝影呀？讓我來教你攝影吧！」

有何不敢呢？談力開始學攝影了，他的攝影技巧日漸高超，在一次攝影比賽獲獎了，並且發表很多優秀的作品。

獲頒攝影獎項，似乎沒什麼特別，然而特別的是，談力不是普通人，他是個看不見的盲人。

我翻查了一下資料，盲人攝影師不只談力一人。美國盲人攝影師**Sonia Soberats**，老年喪失一雙兒女，又失去了視力，她不願沉浸在悲傷中，竟開始學習攝影，她的攝影充滿藝術美感，令人難以置信。

斯洛維尼亞攝影師**Evgen Bavcar**，十二歲時因意外失明，十六歲時接觸相機，為心儀的女孩拍下照片，**Evgen Bavcar**發現他可以擁有「自己看不見的東西」，此後與攝影結下不解之緣。

盲人攝影的故事，聽起來真不可思議，親愛的長耳兔，看了他們的故事，你也和我一樣覺得充滿力量與可能嗎？

我細想自己的學習經歷，也是甚晚、甚不可能呀！只是憑著努力往前進而已。

當別人二十二歲大學畢業，我才以二十三歲年紀考入大學；當張愛玲說「成名要趁早」，許多作家朋友奉為目標，同齡作家已經發光發熱，我才摸索著開始學寫作；當人們說三十而立，我才剛剛擺脫流浪，脫離挨餓的時光，開始找到第一份工作；當精神科醫師、社工師與心理師以專業之姿進修薩提爾模式心理學，三十三歲的我只是個門外漢，正要一窺心理學的美麗……我在「學習」的這條路，雖然曾經蹉跎甚久，終究不放棄努力學習，也許是父親為我樹立了典範，他三十餘歲開始學英語，四十餘歲考入大學，五十餘歲考取教育行政高考，六十餘歲學習開車，七十餘歲學習日語，八十餘歲學習電腦，到了九十歲時已經打了三百萬字了。

親愛的長耳兔，我的學習有典範，因此我也舉出這些典範，讓你瞭解，只要想學習，永遠都不嫌晚，永遠都有可能，永遠都別放棄……

五十歲開始學習芭蕾舞的
阿建

我只知道很多事情只要能夠想得到，就可以做得到。
所以不是做的問題，是想的問題。

14.

天真的長耳兔：

我坐在窗邊寫信，窗外的冷雨挾霧氣而來，牆上的溫度計只有兩度，聽說有些地方已經下雪了。我在台灣成長的歲月，從未經歷這麼冷的低溫，難以想像上週的氣溫還二十度呢！忽暖又忽寒的感覺，讓人心頭百感交集。

我想到李清照的〈聲聲慢〉：「尋尋覓覓，冷冷清清，淒淒慘慘戚戚。乍暖還寒時候，最難將息。」這闋詞大概是寫一股思念愁緒，彷彿在溫暖的處境中，一下子變了天，突然寒冷極了，讓人難以忍受。我最早體會這種感覺，是童年母親不在家的時光。

親愛的長耳兔，你問我單親家庭的經驗，我試著說自己的故事。

五味雜陳的成長

每個孩子都該有家，而且該有個溫暖的家，家庭的基本成員，就是爸爸媽媽，孩子應當擁有爸媽的愛。但是現實常不從人願：有的爸媽還學不會愛人；也有爸媽忙於事業、無法相處而離開；爸媽亡故了，或者家庭紛紛擾擾……本應溫暖的家庭，因此陷入冰冷的寒流。

我的母親很年輕就結婚，二十歲就當媽媽了，那是五、六十年前台灣女孩婚嫁的年齡，想想真是一件殘酷的事。除了夭折的大哥，我的手足共有四人，我媽還不知道怎麼當個媽，哪裡懂得如何愛我們？何況孩子都頑皮吵鬧。

當時，我還未上國中呢！母親便經常離家，和朋友尋找失去的青春，有時候好幾天不回家，我便形同沒有媽媽。這麼多年以來，我一直懷念全家人聚在一起，圍坐飯桌吃晚餐的時光：母親端出熱騰騰的家常菜，父親多半也在廚房忙著，孩子們在一旁吵吵鬧鬧，等著飯桌上的佳餚與故事。那是我記憶裡最難得的時光，但實在是太希罕了。

當時家中經濟窘迫，我的父親早晚兼兩份差，母親又常不在家，即使母親偶爾在家的日子，父母也為母親交友狀況而爭執，讓我感到心煩意亂。在那個凌亂不安的家庭，我偏偏很不爭氣，雖然大錯不犯，但小錯不斷，功課又一塌糊塗，我的心靈陷入孤單、憤怒、悲傷、不安、恐懼……我不知道該如何是好。

家庭的氣氛並不和睦，除了媽媽不在家，我與弟妹感情並不好，早年曾對他們拳腳相向。爸爸常嘮叨我的課業，更數落我的生活習慣，在紛亂的家庭生活裡，我無法好好安置自己，不想待在這樣的家庭，當年紀逐漸長大了，我喜歡與朋友在外廝混，無論做什麼都好！外頭的朋友和我談得來，比較懂得我的心靈，也有朋友與我處境相同，甚至家庭狀況更糟糕，他們讓我忘掉失落。只要朋友聚在一起，我的寂寞就變少了，那群朋友有的勇敢，有的新潮，有的聰明，有的帶來新資訊，而且他們包容我，因此我經常往外頭跑。

爸爸心裡更著急了，當媽媽不像媽媽，兒子又常往外跑，爸爸急著拉住我的品格、功課與行為，想要好好教育我，要我努力向上，要我安分待在家裡。爸爸的管教方式成了一種有形無形的壓迫，讓我有窒息的感覺，我多麼想要逃離這個家。

親愛的長耳兔，我實在不想待在家裡……

寒流總是陣陣來襲

〈聲聲慢〉：「尋尋覓覓，冷冷清清，淒淒慘慘戚戚。」我童年就尋尋覓覓了，尋覓一份真正的溫暖，但現實總是悽慘冷清。

猶記得十二歲那一年，一個滂沱大雨的夜晚，爸爸披風戴雨兼課返家，他風雨歸來，也渴望溫暖吧！卻得知媽媽再度離家。他兼一節課的鐘點費四十元，一晚賺八十元辛苦錢，歸來面對此情此景，情何以堪？媽媽前晚才承諾在家，卻放下孩子們離開，爸爸失望沮喪極了，決心將媽媽找回來。在通訊不發達的年代，沒有手機、沒有通訊軟體，又不知道媽媽去哪兒了，怎麼找媽媽回來？爸爸騎著偉士牌摩托車出門，到台中繁華夜生活處尋找。

爸爸的打算，無異大海撈針呀！何況是滂沱大雨的夜晚？我們不讓父親出門，因為心中有著不安全感，深怕爸爸出門會發生意外。

爸爸披上雨衣之前，我與弟妹央求他別去，心裡各種凌亂的複雜情緒，聲淚俱下地阻止著。但父親說，家裡怎能沒有媽？便穿起雨衣重新進入滂沱的雨中。那場風雨呀，毫不留情打在父親身上，也深深打擊我的心靈。望著偉士牌紅色的尾燈，在雨中逐漸淡出巷子口，我止不住悲傷與恐懼的淚水，對身處的世界感到絕望極了。

窗外的大雨未曾歇止，我的眼淚也未曾停止，盼望父親平安歸來。

長耳兔，敘述這一段回憶，其實有點兒艱難，彷彿重回孤絕的孩提，哀哀無告面對風雨的世界。

爸爸在風雨裡騎車尋找，孩子們在窗前引頸盼望，媽媽則是與朋友歡樂相聚，我曾讀到「東山飄雨西山晴」，心裡竟然一陣酸楚，對此有著深深的感觸。孩子們只是渴望溫暖，何能懂得大人世界的紛擾？如何懂得媽媽混亂難安？

夜雨無情無止盡地落下，父親無奈無方向地尋著，茫茫雨夜的街道中，竟然聽見媽媽的聲音，她正與朋友開懷歡飲。

父親在風雨中，將喝醉的母親載回來，兩人被大雨淋濕了，我看見風雨夜歸的父母，心靈雖然短暫放鬆了，憤怒又瞬間炸開了……

父母從風裡雨裡歸來，卻不是風雨的結束，而是另一場風雨的開始，紛擾的景況何時能休？我傷感莫名，憤怒滿溢，上樓將自己關在房裡，不想參與這個家庭。但是我無法關起耳朵，我還能清楚地聽見，聽見弟妹們的哭泣，聽見母親嘔吐的聲音，聽見腦海裡各種雜訊，我無法不胡思亂想，只有憤怒地搥打牆壁，不想待在這個家裡……

長耳兔，每個孩子都渴望溫暖。

我不是沒有得到溫暖，而是處在時暖時寒的時節，我不知道該怎麼辦？我發現自己渴望愛，卻又害怕愛來臨。

外面世界的困惑

家庭的紛擾是家庭的，自己的命運是自己的。

然而，我無法安頓好自己，掌握不了自己的命運，功課一場糊塗，生活一團亂。我不只對世界有憤怒，對自己也深深憤怒，無能無奈無力感蔓延，逐漸沉迷於電玩之中。但是電玩世界喧囂奪目，刺激了我的感官，麻痺了向上的意志，空虛與自責從八方來，我身陷循環無法自拔。沒錢打電玩遊戲時，便想離家找朋友，胸中存在一團烈火，也存在一座冰窖，我無法安靜下來自處。

青少年的那段歲月，我與父親衝突不斷，兩人常劍拔弩張地對峙。我常對父親暴怒咆哮，關起房門讓音樂流淌，發洩心中的憤怒苦悶。

那是一個冬雨滴答的晚上，我聲嘶力竭跟父親吵了一架，關在房裡聽著憤怒的搖滾樂。那晚窗外滴答的夜雨，顯得無限寂寥落寞，我的確深深寂寥失落，直到一股菸味鑽進鼻腔。那是鄰居小原與小揚抽菸，正經過我的窗前呢！他們知道我的苦悶，懂得我的憤怒與無奈，他們和我同病相憐：小揚母親經常離家，父母爭執不休，曾經吵架拿刀相向，家庭沒有任何溫暖，小揚不想待在那個家；小原則是父母離異了，父親被關在監獄，母親再嫁到國外，小原只能寄人籬下，哪裡有溫暖的家？

小原在冬雨中吐著煙霧，看見窗前失魂落魄的我，立刻呼喚我一起出門，說有好東西要秀給我看。

我跨過窗，偷翻牆出門，看香菸的煙圈迷濛眼前，我們三個衝撞的靈魂，如何聚在一起取暖呢？小原在巷弄暗處藏了一台小綿羊，他順手牽羊「借來」的機車，這是他剛弄到手的好東西。小原在冷雨中發動引擎，將油門催得轟隆響，排氣管噴出團團白煙，彷彿我們憤怒的心靈。

我們三人坐上窄小的座椅，肉身彼此緊緊相貼，我們就此在馬路呼嘯狂飆。沒人能阻擋青春的狂飆，寒風細雨如小刀刺著臉龐，同坐機車蛇行狂飆而去，我的青春也可能狂飆逝去，不少朋友都因此殘廢或身亡。

小原飆車仍叼著菸吞雲吐霧，小揚則肆無忌憚地呼嘯，享受酣暢恣意的快感。我緊貼著他們身軀，雙手牢牢抓緊後座，沒有絲毫舒暢的快感，只有徬徨不安甚至恐懼，我是他們嘲笑的那一類人。小原闖了幾個紅燈，幾次差點兒擦撞來車，兩人憤怒地飆罵髒話，我可以感覺淒風冷雨的道路上，他們胸中噴發熊熊的火，必得選擇一種方式發洩，卻不是我想要的方式。小原在馬路一路狂飆，險些撞上昂貴的賓士，小原與小揚虛張聲勢張牙舞爪，一副準備出手教訓對方的模樣，沒料到夜行的賓士並非善類，走下來四個凶神惡煞，手持棍棒惡狠狠地追來，一場賓士追逐機車的戲碼開演了。

小原催足油門奔逃，幾次差點兒打滑摔倒，才甩脫了賓士的糾纏。他們熟門熟路地鑽入一條巷弄，領我進入一間房子，門前凌亂地停滿機車，屋內的人物形形色色，大多是如我一樣的青少年。每個人幾乎都抽著菸，還有人玩著麻將撲克牌，小原與他們如老友一般熟悉。在場的青少年都很義氣，聽了賓士車的追逐戰，紛紛起鬨抄傢伙找出那輛賓士，吆喝著一起結夥尋仇。不久之後的巷弄，一群青少年聚集，引擎聲集結著大規模的憤怒，重新在黑夜中劃破寂靜。

我尷尬地處於屋內，並未與他們一起行動。我不喜歡抽菸也不打牌，而且我是個膽小鬼，也不想拿生命當賭注。我最後悄悄離開這地方，獨自在微微的冬雨中行走，這不是我喜歡的地方，不是我喜歡的生活，也不是我喜歡的態度，我雖然不喜歡我的家庭，但是家中還有我的父親。

小揚與小原是我童年玩伴，我與他們有深厚的情誼，但我日後與他們漸行漸遠，我不知道自己能做什麼，但是我知道自己不要什麼！

小揚來自單親家庭，家庭狀況與我接近，他父親想盡力抓住他，但是一顆不安的心，怎麼能輕易被理解與接納？他父親曾絕望地勸我：「別再跟小揚來往了！」小揚與那群朋友取暖，在人生中浮沉、乃至於沉淪，至今年近半百了，仍舊與朋友們浮沉著。

小原來自破碎的家庭，比我更需要一份溫暖，更需要大人的關懷，但是他完全得不到。他只能和同儕夥伴們取暖，日後加入了幫派，因為打架誤殺他人判刑十四年，我得知消息後，感到深深的悲傷。

我雖然沒有到外頭取暖，但生命亦浮浮沉沉甚久，比他人更晚邁向正軌。

我是幸運之人

親愛的長耳兔，我來自單親家庭，很長的一段時間，不忍看見別人母親的溫暖，那會使我深深地悲傷，因為觸及我內心的缺憾。

我認識不少單親家庭的人，他們並沒有像我如此不安，因為家庭還有人支撐、家庭狀況並不複雜，也因為他們懂得上進感恩。

我在悽慘的環境中尋覓，才發現有一絲溫暖待我體會，而這一絲溫暖永遠都在，那是一直沒有放棄的父親。他待我的方式儘管嚴格，卻充滿寬闊無比的愛。我到了最終才發現，原來有個人一直都在，一直都在那兒等待，一直用他的方式給予愛。

長耳兔，我是個幸運的人，我還有一位堅毅的父親。我是個幸運的人，因為我並未放棄，找到了方向走上正軌。我一直非常幸運，因為我從單親生涯，體會更多纖細的情感，學會了什麼叫做「接納」。

我記得有部動畫《功夫熊貓**2**》，片中羊仙姑對熊貓說：「你故事的開頭，也許不幸福，但那不能定義你。也許故事的開始，你過得並不快樂，但是這並不能決定你的一生，最重要的是你以後的選擇……」我有深深的體會。

你問我單親家庭的經驗，我寫了一封長信給你，也許有助於你瞭解單親的朋友。我說完故事之後，還有一個請求，那就是請別責怪、看輕我母親，因為我對她有著深深的理解，有著深深的接納，也許我不能很愛她，但是我尊敬她的歷程，我已經對過去釋懷了。

我說這個故事的目的，不是去傷害母親，而是想讓單親的孩子「被懂得，被理解」。一份深深的慈悲，深深的力量，才有可能從中發展出來吧！

發現自己有三個媽媽的

阿建

重感情的長耳兔：

你問我如何與家人、朋友、同學維繫感情？這是一個看來簡單，但有點複雜的課題，簡單地說便是人際關係，應該如何去經營？

真誠地做自己，真誠地表達自己，真誠地接納自己，並為自己負責任，進而真心關懷他人，這是我與親友維繫關係，維持情感的方法。這些方法說來老套，但是卻被我視為真理，只是不易徹底理解罷了！因為人的世界中，關係永遠是困難的課題。

緩慢與迅速的變化

舊社會的人們，科技不發達，彼此聯繫不方便，逢年過節送禮表情意，在禮數中存有感念與祝福。如今交通便利，科技發達了，人們隨時都可以上網，隨時都可以聯繫，卻不見得體會情誼的重要。今日少有人數年不見面，數月沒通話，數日不知彼此消息了，講求迅速的社會環境，也少有人等待一封傳遞訊息的信，人們的感情也變得速食，人際關係變得複雜，彼此感情少了珍惜。

我還記得中學時讀王維〈九月九日憶山東兄弟〉：「獨在異鄉為異客，每逢佳節倍思親。遙知兄弟登高處，遍插茱萸少一人。」心中也懷念親朋好友，珍惜彼此的緣分。久久不見的親友，一旦有機會相見了，心中存續美好感情，鮮少言語針鋒相對，更不會惡言惡語相待。

如今人們隨時都可以見面，隨時都在發表意見，也隨時都可以吵架。朋友之間隨時都可以絕交，也隨時都可以復交，嶄新的世界喜歡新穎，老舊的東西不見了。人與人頻繁地接觸，少了空間少了寬容，因為朋友再交就有了；人們不復以往久久相見，而是立刻知悉彼此訊息，雖然能即時互道珍重，但傷口也隨時被引爆。

處於這樣的環境下，怎麼辦呢？

親愛的長耳兔，我邀請你慢下來，慢慢觀察、品味與欣賞這個世界。交友慢慢品味，說話慢慢分享，感情緩緩發酵，因為緩慢會沉澱出好味道。

親人好友之間，實體的書信往來，是緩慢表達自己，傳達心中情意的方式。我曾經很長一段時間，和親友們以書信往返，累積了四個泡麵箱的信，也累積了四個箱子溫潤的情感，就像我現在寫信給你一樣，翻開手寫的筆跡，在字裡行間錯落的，能品嘗回味珍貴的情誼。

我在上一封信，寫到單親家庭的經歷。父親雖然愛我，但是我們關係並不好。然而，父親常做一件事，就是在父子大吵一架之後，寫一封信，放在我的案頭，或者寫一些關愛語言，在小小的便箋上，傳遞他綿長細緻的關心。

我直到高中畢業之後，才常常寫信給他，彼此多了一份溫潤感。

分享給你一封信，是前幾年應雜誌社之邀，透過寫給父親的公開信，傳達親子之間的情感。

給父親的信

父親大人膝下：

窗外的小葉欖仁落葉了，冬天景況翩然到來，炭爐上的鐵壺冒著蒸汽，當令的綠橘在炭爐上頭，家中飄流溫暖的氣息。我在樓上讀書飲茶，您在樓下寫字，我懷想起舊時光。

童年居住鄉下的冬天，您伴著我與弟弟玩耍，紅泥小炭爐烤著黃橘，屋內飄流溫暖的橘香。媽媽在屋裡收拾餐桌，您蹲在爐火旁，對著五歲的我，一遍又一遍教導：「一年好景君須記，最是橙黃橘綠時。」並且逐字解釋，還要我跟著背誦，獎品是烤熟的橘瓣，這幅圖是我腦海裡的美麗記憶。

此刻想來，在炭爐旁玩耍的時光，您應充盈著幸福吧！您少小離家，經歷二十年的磨難，建立貧窮而溫暖的家，冬季與孩子烤橘唸詩，是半輩子難得的溫潤時光。我早年蒙昧無知，不懂安穩天地裡的靜好歲月，胡天胡地搗蛋，更在母親離家之後，對弟妹暴力相向，流連電動遊戲場，惶惑不安於室，成為飄浮的幽靈。

成長中的我，從未體諒單親爸爸的艱辛。

我仍清楚記得，您早年忙碌的身影，張羅四個孩子三餐，日夜在學校教書兼差，應該充滿辛酸。當時我視若無睹，以為您早已習以為常，無怨無悔且無感無淚，沒有絲毫無奈與挫敗。直到多年以後，您談及那一段歲月，才知道您在失眠的夜裡，埋首於棉被裡落淚，感嘆家沒有希望了。然而即使挫折沮喪，您仍堅守嚴父慈母的崗位，日復一日維持一個家庭。

您在默默的日常中，灌注了一份堅持與愛，對我有深切影響力。我至今仍記得一個畫面，能體驗您給予的愛。

我還記得一九八二年五月九日，那個缺了母親的母親節，您放下繁瑣的工作，出席妹妹幼稚園活動。據妹妹後來回憶，她當天一點兒也不快樂，只感到憤怒與難過。那是母親節活動，幼兒園都是媽媽出席，全場唯一的爸爸就是您，她感到一種難堪的尷尬。成年後我和妹妹聊及此事，她已能理解您的用心，知道您不願妹妹感到孤單，以慈父的身分出席母親節，包裹著一份深深的愛。我想像一個大男人，在風氣較保守的一九八二年獨自出席母親節活動，會有多不自在？

當您在細雨中，為妹妹帶來溫暖，我竟跑到隔壁幹壞事了。為了報復小揚偷咱家的鴿子，我頂著春天的細雨，從頂樓悄悄潛入他家，偷走他存錢的撲滿。我行竊的身影，被路過的藥房老闆瞧見了，鬧得整條巷子沸沸揚揚，鄰居站在巷口議論紛紛，但沒人登門興師問罪。那是我青少年時期，經歷最恐懼的一個事件，我犯了一個大錯，內心惴慄忐忑。我頻頻往圍牆外眺望，深怕有人揭穿我的罪行，一回過身來，才見您已從幼兒園歸來，在廚房裡蒸煮炒炸。下午四點左右，您竟然在廚房內煮飯做菜，語氣慈愛地解釋：「今天是母親節，你媽媽不在家，我們也要好好吃一餐。」我的心登時扭曲了，充滿愧疚與憤怒。

您始終盡心盡力，不僅會訓我、責備我、處罰我，卻也鼓勵我、寬容我，給我諸多「當時只道是尋常」的愛，我日後才深深感受愛的力量。

當我年歲更長，大學聯考三年落榜，您也未嘗對我說過喪氣的話，只要我再接再厲。我入伍當兵時，您已經六十三歲了！我在新訓期間，竟每週騎車探視我，並且不斷寫信勉勵我，提醒我注意身體，常告訴我：「父母唯其疾之憂。」

如今回首舊日點滴，我能在退伍後累積能量，踏入當時甚窄的大學之門；日後遇到挫折仍能奮起，心中逐漸蓄滿勇氣；對事物充滿好奇熱情，對工作有責任感……這一切皆因您的不放棄，還有一份綿長之愛，那是您留給我最珍貴的禮物，而我也得以將這份愛，回報給您與家人，我想透過一封信，讓您知道我的感激與成長。

此刻桌前的炭爐溫暖窩心，鐵壺上的蒸汽溫潤依舊，我撥開烤熟的綠橘，感到自己竟如此幸福，感受當年您教我的詩：「一年好景君須記，最是橙黃橘綠時。」

當您看到這封信，是否會驚訝？或者會心一笑？因為我已經多年未寫信給您。一如我年輕寫信的恭謹，我書信的提稱語，總是畢恭畢敬，不似尋常口語隨意。年輕時信中寫「膝下」一詞，懷著一種尊敬與形式，如今寫這個詞，心中卻是珍惜與感動，因為您身體安康，能讓我承歡膝下，對於一個兒子而言，這是何等幸福與值得感激的事。

恭請　　福安

兒　崇建 敬稟20131110

各種形式表達愛

親愛的長耳兔，我的父親是讀書人，所以我寫信比較文雅。父親看了我的家書，呵呵地笑著，說我寫得很「如實」，從我書寫的事件，拉出一個美好的視野，看見彼此的努力與愛。我們的對談中，也跟著緩慢許多，擁有更多分享，而不是受害地抱怨。

我常看到人與人的關係，常常都在表達愛的渴求，但是衍生出來的語言，卻往往表達成傷害，令人感到無限遺憾。人與人的關係中，愛是重要的元素。

表達愛的形式，我的老師曾經教導，人有五種形式表達：以服務表達愛；以語言表達愛；以肢體表達愛；以禮物表達愛；以長時間相處表達愛。

因此我學會觀察，人們習慣以何種方式表達愛？比如父親賺錢養家，為子女做牛做馬，他是以服務表達愛。父親也常以語言表達愛，他常說：「老子愛你哪！」但是我不習慣接收語言的愛，常忽略爸爸語言的表達，甚至一聽見便覺得煩，想要趕緊逃開。

當我理解了愛的五種形式，不僅瞭解人如何表達愛、自己如何接收愛，也學習以各種形式表達愛。而寫一封信件表達內在，則能緩緩沉澱與整理心緒，體會人們各種愛的形式。以文字表達愛的方式，也算是一種語言的表達，為關係帶來不一樣的體驗。書信的表達方式，對於不善口語表達愛的我，不僅擺脫了口語未經整理的缺憾，也有足夠時間咀嚼與體會一份關係。

親愛的長耳兔，在人際關係的處理，我想到的就是緩慢與表達，邀請你偶爾寫一封書信，甚至別依賴文明的機器，即使手寫字並不好看，即使寫信的文采不好，都是無傷大雅的方式。

準備寫信給阿碧（家門前的姑婆芋）的

阿建

有責任感的長耳兔：

聽說你心情不好，因為搞砸某件事情，沒有完美的表現，你為此深感自責。

我能瞭解你的心情，當一件事情應該做好，卻因為某些因素沒做好，的確讓人感到生氣、沮喪與失望。但是自責無濟於事，何必自責呢？長耳兔，當一件事沒有處理好，我邀請你從中得到學習，並且看見自己的努力，這樣就足夠了，無須再生自己的氣，無須再責備自己。

接納自己不完美

跟你分享一個希臘神話的故事。

希臘有一位天神凱隆，是眾多希臘英雄的導師，也是偉大的療癒者。

在一次宴會中，大力士海克力斯帶酒助興，造成半人馬們酒醉打鬥，海克力斯想要解決混亂，竟然一箭誤傷了凱隆。那是一支無堅不摧的箭，本是凱隆贈送給海克力斯的，箭上還塗有海拉德的劇毒，竟然讓凱隆受到傷害。

凱隆是個不死的天神，能夠永恆地活著，但劇毒的疼痛超過死亡，而且傷口永遠無法癒合。然而，讓人難以接受的是，偉大的療癒者凱隆，能夠治癒所有人的傷，卻無法治癒自己，他將永遠帶著傷痛，與此折磨永恆共伴，而痛苦不已。

親愛的長耳兔，設想你若是凱隆，會如何看待自己呢？

一般人應會生自己的氣吧！也許陷入自責之中。

為何當初要送箭給海克力斯呢？為何要參加這場宴會呢？為何當時不再注意一點兒呢？偉大的療癒之神名號，竟然連自己都無法治療！那是一件多麼諷刺的事呀！一連串的自責，肯定百轉千迴地打擊自己吧！

若是凱隆如此自責，那麼他所身負的痛苦，就要放大兩倍於現狀了。凱隆不僅身負創傷的痛苦，心靈也要負著自責的劇痛，雙重的痛楚更會擊垮人，不僅無助於現實，現實的處境反而更糟糕，哪來的力量站起來呢？

自責是一支毒箭，對人沒有幫助，往往帶來巨大的痛苦，也帶來負面的能量，聰明的人們，不會以自責對付自己。

若是凱隆一直陷入自責，他應該不敢出門吧！偉大的療癒之神，竟然無法治癒自己，那是多糟糕的狀況呀！

凱隆不僅出門了，而且去找普羅米修斯。普羅米修斯正在受苦呢！他為了憐憫世人，將天火偷給人類，被宙斯綁在高加索山受苦。身受劇痛傷痕的凱隆，決定代替普羅米修斯，代他承受綁縛與鷹啄之苦，讓普羅米修斯恢復自由，而凱隆自己則放棄天神身分，放棄了永生的權利。

凱隆不僅不被天神身分侷限，不以自責荼毒自己，反而放棄天神的尊貴，降為一介受苦的凡人。

長耳兔，凱隆的應對方式，正是我最讚賞的舉動，因為自責的人對自己有期許，當期待失落的時候，無法接受自己竟然如此！但是凱隆不僅接受了，更願意承認自己是個平凡人，放棄了天神尊貴的身分。

正因為凱隆如實面對自己，宙斯將凱隆升上天，成為天上的人馬座。

我讀這個故事時，發現再厲害的角色，都有失手與做不好的時候。凱隆願意放棄天神身分，等於接納了自己的不足，他就真正得到解脫，事情也就有了更寬廣的空間，面對往後的挑戰更有力量。

我們都是一個人

凱隆是天神，天神的角色都會如此，何況我們是一個人，人應要接納自己的不足。

以前我也常自責，在未做好一件事時，對自己有了生氣的情緒，這些生氣衍生出愧疚、焦慮與難過，不僅無助於事情完成，更使得情況走向負向循環。

我記得三十二歲初當老師，和學生的感情甚好，算是受人歡迎的老師。

當時學校老師召開會議，處理一名情緒暴走的學生，討論是否要讓他停學。

這名學生我叫他藍天，體重一百公斤，不易控管自己情緒，遇到不如意的事情，就隨手拿棍棒猛烈敲打牆壁，彷彿狂風暴雨驟襲，但是他卻頗重義氣。

臨時會召開時，教師討論著藍天的處置，藍天一直在外徘徊，想知道校務會議的決定。會議結束之後，藍天迅速跑來搭訕，很親暱地叫我：「嗨！兄弟，你們剛剛在討論什麼？」

我始終沒有跟他多說，那是不能對外公開的會議內容。

沒想到藍天突然暴怒，對我開罵了：「**XXX**的，你不要以為你是老師，你就了不起！**XXX**，**XXX**……」

當時我剛入學校，還帶著校外的生猛氣息，按捺不住自己的脾氣，對著暴怒的藍天，也爆炸似地脫口飆罵。

接下來藍天無言，我也沉默，兩人各自走回宿舍。

當我走回自己房間，盛怒結束之後，我突然深深自責起來。我是一個教師，應該有教師的樣子，怎麼會跟學生互罵呢？怎麼配當一位老師？我的自責越來越深，甚至萌生放棄教書的念頭，覺得自己太糟糕了。

我去跟校長道歉，並且打算向他辭職。當時的校長老鬍子，聽了我發生的狀況，竟然很寬大地跟我說：「不要自責！只要負責就好了。」

怎麼負責呢？親愛的長耳兔，你會跟我有一樣的困惑嗎？

老鬍子告訴我：「你不自責的話，就不會只是想著辭職而已。先說說看你的想法，經過這樣的事件，你有什麼學習？可以怎麼面對？」

我沉思甚久，若是不自責的話，我應該和藍天好好聊一聊，談一個教師的職責，還有為自己的粗魯道歉。

長耳兔，當我願意承擔錯誤，我發現自責便少了許多，也不會對藍天指責，我去和藍天聊了甚久。想不到藍天也在沉澱，他雖然被我的回應震撼，卻也很男子漢地跟我說：「你是第一個敢跟我對罵的老師，而且髒話飆得比我順，罵起來還比我好聽……」

自責≠負責

親愛的長耳兔，我後來發現，自責的人通常較少負責，負責的人往往不一定自責。

自責的「責」字，應有「責備」之意。負責的「責」字，應是「責任」之意。不負責任的人，找個理由讓自己成為「受害者」，只要懂得抱怨就行了；負責任的人則不一樣，那是勇於承擔的表現，不會浪費時間在抱怨上面。

自責只是「找・個・地・方・躲・起・來・」而已呀！

自責者的內心深處，也許有一種聲音：「我已經責備自己了呀，這樣應該可以了吧！」那樣慣性地躲了起來，在潛意識裡鞭打自己，但是對現實不一定有幫助。我這才明白，以前當我讀書未達預期，考試成績不理想，我心裡都在深深地自責呀！當我自責之後，我的力量更小了，只會躲在電腦遊戲後面，或者跑到某個地方逃避，面對世界時，則是更多憤怒了。

長耳兔，那就別自責了吧！我們學著一起負責。

自責時學會放下，學會欣賞自己的

阿建

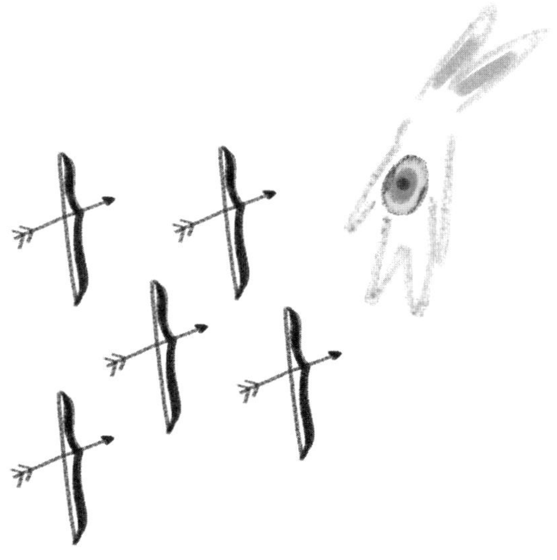

自責，是不是一種無論如何都認為自己是箭靶的念頭？

17.

認真的長耳兔：

你問我什麼是負責？這是一個好問題。

當事情未如期待，我邀請你不要自責，要學習負起責任。然而，什麼是負責呢？這是一個很少被提及的課題。這個多元的時代，媒體的發展迅速，意見令人眼花繚亂，原本用來溝通的語言，離溝通的本質卻越來越遠，讓人們陷入困惑。

當你打開電視，或者翻開網頁訊息，看見世界上眾多紛爭，語言像火網交錯，很難看見負責的典範。即使發生了重大事件，有人站出來說：「我會負責任。」也不禁令人懷疑，這樣就是負責任了嗎？

分享一個歷史事件給你。

真心承擔重量

第二次世界大戰，是歷史上最殘酷的一頁。引發戰爭的關鍵人物，大多指向希特勒，他是納粹德國的獨裁者，窮兵黷武侵略歐洲，更屠殺了六百萬猶太人。

德國在二戰投降之後，除了受到制裁，也受到各方的抨擊。

親愛的長耳兔，我常常設身處地思考，如果我是戰敗的德國人，或者身為德國領袖，會如何回應這些抨擊？輸了戰爭是一回事，面對世界是另一回事。二次大戰牽連甚廣，抨擊不會旦夕結束，而是長期痛苦的折磨。

平時我只要犯了錯，受到他人的指責，語言無論是出於正義，或者是出自於惡意，都讓我感到痛苦，我常常想要抱怨、逃避、解釋與回擊。

德國人面對錯誤的過去，要痛改前非贖罪，並不是靠大量語言回應，也不是靠著自責而已。德國如何承擔這份責任？

一九七〇年十二月七日，戰爭已經結束二十五年了，但是戰後的世界，經濟、賠償、國界劃分都有爭執。當時西德的總理勃蘭特，決定向波蘭釋出善意，親赴波蘭簽署一份協議，劃定波蘭與德國的邊界，這份協議在領土議題上，德國做出重大的讓步。勃蘭特簽署協議之後，到華沙猶太人紀念碑，向受難的波蘭猶太人哀悼。

長耳兔，試著想像那樣的畫面：當勃蘭特站在紀念碑前，會招來人們什麼樣的眼光？當地猶太人的心靈何其受傷？勃蘭特是殺害同胞劊子手的國家，深仇大恨竟敢前來！但是勃蘭特依然出席了。

勃蘭特站在紀念碑前，為犧牲的猶太人獻上花圈，在眾人的注視之下，他動手整理花圈上的絲結，表情肅穆地垂手而立。就在這個時候，勃蘭特安靜地後退，突然雙膝跪了下來。

勃蘭特這一跪，是為德國發動戰爭的懺悔，在場有人對這一幕感到激動。

勃蘭特事後曾說，他並沒有事先計劃下跪，這一跪也無須語言解釋。

身為德國總理，為德國的錯誤而下跪，需要一種承擔的勇氣。當時的西德總統赫利，也發表一份「贖罪書」，表達戰敗德國的責任。這樣的認錯不是自責，是接納並且承擔結果，自責則是抱怨、生氣、不接納過錯，也不願承擔。

認錯的壓力很重，卻是負責任的第一步，目的不是取得他人寬恕，而是真心願意承擔。

不負責任的作法呢？可能會有好幾種方式，也許會諉過給希特勒、抱怨這個世界、辯解德國也受到巨大傷害、攻擊其他國家的錯誤……

但是勃蘭特連一句辯解也沒說，只是用行動表達而已。

至今，德國首都柏林還存有猶太博物館，德國人願意面對醜陋的歷史。

不只是德國人，波蘭人也令我感到尊敬。

波蘭人並未停留於受害者角色，他們在受到傷害之後，仍勇於爭取權益，但不在創傷上停留，他們不再咆哮、抱怨、讓恨意綿延，進行攻擊性的報復。他們選擇繼續往前走，但真心接納與哀悼過去，並將血腥的奧斯威辛集中營，改建成一座博物館。他們未讓仇恨蒙蔽，選擇承擔此刻的處境，也是一種負責的態度。

不卑不亢，立足天地

每個人都應為自己負責，包括自己的言行舉止，也涵蓋職務上、角色上的承擔。所謂的負責任，並非委曲求全，也不是粉飾太平，更不是一時權宜之計，而是身為人立足於世界的基礎。

勃蘭特華沙的一跪，是一種深刻的示範。但是德國並未失去國格，他們並未因此而受屈辱，或者讓世人看不起，也未承擔超出自己的重擔。責任是綿長的存在，不是一時的權衡，這是德國人留給子孫美好的禮物。

回首當年希特勒獨裁，並非所有德國人都支持納粹，最有名的當屬一九四三年，來自於慕尼黑大學的學生，祕密組成「白玫瑰」組織。但是當德國戰敗，德國人沒有為自己辯護，他們甚至可以大聲辯駁：希特勒是奧地利裔，不是德國人，不要將罪過推到德國人身上。但是，德國並未因此諉過。

最近有一則新聞，關於以色列總理的言論，他聲稱當年納粹屠殺猶太人，出自於巴勒斯坦領袖侯賽尼的想法。

這樣的論點，引起了軒然大波，我很注意德國總理怎麼說。

德國總理梅克爾，並不認同這樣的說法，她強調，要為「大屠殺」（**Holocaust**）負責任的是德國。

這份不卑不亢的言論，我視為負責的典範。

當大批中東難民逃難到歐洲，歐盟各國紛紛拒絕難民潮時，德國總理以人道精神，開放難民入境申請審查程序，成為接收最多難民的國家，一份德國的調查：百分之八十八的德國民眾，不是已經捐款或捐衣服給難民，就是願意這麼做；百分之六十七的民眾，願意當志工服務難民。德國《每日鏡報》寫了一篇文章，告訴讀者如何收留難民。從發行量龐大的娛樂雜誌，到德國的公共電視台，媒體都傳達包容難民的訊息。不少德國民眾歡迎難民，想為二次大戰期間納粹的暴行贖罪，但是他們並未做出超過負荷的行動。

親愛的長耳兔，二次大戰已經結束了，而且結束超過七十年了，德國人負責的精神，讓我深思與撼動。

當你問我負責的問題，我引用了德國人的例子，希望能更清楚說明

「負責」。然而，負責是人一生的課題，我也還在學習的過程，讓我們一同討論與面對……

為自己的呼吸負責的
阿建

我想起從小到大犯過的錯誤，
謝謝你們的包容和原諒。

豐富的長耳兔：

聽說你最近感到煩悶，心裡並不舒暢，不知道該怎麼辦。

情緒悶在心裡，的確很不舒服，但是發洩出來，可能使人受傷，還真不知道如何是好。將這樣的情況，說給其他人聽，往往得到的安慰是：「不要想那麼多！」

情緒的課題，過去很少有人教導，或者一般人教導的方法，其實並不管用。

當你生氣了，最常聽見人們要你：「不要生氣！」但是怎樣才能不生氣呢？卻很少人說明。

當你難過了，人們常說：「別難過了！」但是難過一直存在呀，又不是不想就能解決！

當你很害怕，人們告訴你：「不要害怕！」這句話令人很無力吧！害怕始終都會來騷擾呀！還有人給出建議，比如演講的時候，把台下的人當西瓜，或者要你勇敢一點兒。真是讓人傻眼的意見呀！

當你有壓力，人們的關心常是：「放輕鬆！不要有壓力。」天呀！要怎麼放輕鬆呢？我也想放輕鬆呀，但是怎麼做才能輕鬆？

當你緊張的時候，人們常說：「不要緊張。」甚至加強語氣說：「你真的不要緊張……」我也真的不想緊張呀！

我最害怕聽到的話，就是他們堅定地告訴我：「要相信自己，你一定可以的。」

我聽到這句話，頭就感覺好暈！每次我聽見類似建議，都覺得這是廢話哪！問題是這些情緒，哪裡能透過這些方式就不干擾我呢？我也不想生氣啊，不想難過，不想害怕，不想有壓力，不想緊張，不想煩悶哪！那該怎麼辦呢？

情緒要抒發

長耳兔，我先說一個小故事，眾人皆知的「驢耳國王」。

有位國王因為觸怒了天神，長了一對又大又長的驢耳朵。國王不想讓人知道，戴起了特大的帽子，或者頂著頭巾遮住耳朵。

但是國王的頭髮長了，該怎麼辦呢？還是要請人理髮呀！但是當理髮師剪完頭髮，國王就將理髮師殺害，有驢耳朵的祕密就不會有人知道了。

每個理髮師為國王理髮，都被國王祕密殺掉了，國家只剩下一個理髮師。

當這個理髮師進入皇宮，國王告訴他：「無論你看到什麼，都當作沒看到，知道嗎？」理髮師答應了。但是當國王脫下帽子，出現一對驢子的大耳朵，理髮師大吃一驚，差一點兒笑出來說：「國王……您的耳朵……」

國王很嚴肅地說：「你看到了什麼？」

理髮師突然想起失蹤的理髮師，想起國王說的話，趕緊回答：「沒有！我什麼都沒有看到。」

國王很滿意地點頭，再次確認地問：「我帽子下面沒有特別的東西吧？」

理髮師也再次地回應：「沒有！什麼都沒有。」

國王很滿意地點頭：「你回答得很好。以後就由你替我理髮吧！如果你將祕密說出去，我就會要你的命。」

理髮師回到家鄉了，他既感到無比惶恐，又覺得國王的驢耳朵太好笑了。

家鄉的人們知道理髮師回來了，紛紛詢問皇宮的消息，皇宮大不大？

理髮師誇耀著皇宮的壯麗。

人們問，國王很威武吧！?

理髮師噗嗤一聲笑了出來，差一點將國王的驢耳朵說出來，但是最後忍住了祕密。

人們問，國王的頭髮很帥吧？

理髮師的腦海裡面，又浮現國王的驢耳朵，但是理髮師不能說出來……

國王為什麼那麼喜歡戴帽子呀？

國王的驢耳朵又出現……

理髮師快要憋不住了，很想將國王的驢耳朵說出來，但是他只要說了，就會連命都沒有了。理髮師的肚子慢慢脹大，脹得他很不舒服，只好求助醫生了。

醫生一診斷，就斷定理髮師心裡憋住了，建議他把話說出來就沒事了。

理髮師說：「我心裡面憋住的，是不能表達的東西呀！」

親愛的長耳兔，心裡若將情緒壓抑，就像是憋住某個東西，越壓抑反而會越脹大，像這位理髮師一樣。理髮師是肚子脹大，但憋住情緒的人，是胸口常感覺煩躁，常有不安的感覺，或者會覺得緊張與煩悶。因為那些情緒，一直都在身體裡面，找不到出口呀！

但是情緒若是抒發，可能會像理髮師一樣，招來殺身之禍呀？所以眾人都建議：不要……不要……不要……

且看醫師的處方！

醫生說：「原來是這樣子呀！你何不找個地方挖一個洞，對著洞說話，就不會有問題了呀！」

理髮師遵照指示，跑到偏僻的地方，挖了一個洞。他對著洞口說：「國王的耳朵是驢耳朵，國王的耳朵是驢耳朵……」

理髮師感覺心靈舒暢了，脹大的肚子也消了，身心都輕鬆愉快起來。

沒想到理髮師走後，那個洞口長了一棵樹，風吹過那棵樹，發出的聲音竟然是：「國王的耳朵是驢耳朵……」

不久，全國的人們都知道國王的耳朵是驢耳朵。

驢耳國王很生氣，要將理髮師殺掉。理髮師表明：「我沒有對任何人說，我是對著田野的洞說，那上面長了一棵大樹，發出的聲音竟然……」

國王親臨現場，果真聽見了令人尷尬的內容，一旁的人民說：「國王有驢耳朵，也是很特別不是嗎？與一般人不同呀！我們仍舊愛戴國王……」

國王因此坦然了，接受了驢耳的事實，也並未處罰理髮師。

健康抒發情緒

長耳兔，情緒應該要抒發，而且要健康地抒發，才能有健康的身心。但是，情緒的課題是很多人一輩子的功課，並不是一件簡單的事。比如情緒失控暴怒，憂鬱症的困擾，壓力導致身心失調……

健康抒發情緒，並不會換來毀滅性的後果，但是需要一些嘗試的勇氣。怎麼樣的抒發，才算是健康呢？或者像理髮師一樣，才算是安全的方式？又該如何才能讓自己逐漸成長，能夠自由地運用情緒，而不會被情緒所控制呢？

接下來我分享情緒發生時，該如何健康應對。期待對你會有幫助，也許就能減少你煩悶的困擾，在不安緊張的狀況下，比較知道如何面對。

對著馬桶說話，或者抒發情緒的

阿建

Oops!
如果我有三隻耳朵怎麼辦！

19.

有力量的長耳兔：

憤怒在所有情緒中，經常被提出來談論。常有勸世的人，要人們莫生氣，因為生氣被視為沒有修養，也不利於健康、事業與人際關係。

因此在宗教中，佛教要人們戒貪、嗔、痴，其中的「嗔」就是憤怒；伊斯蘭教的「穆斯林」，意味著寧靜與和平；耶穌說「有人打你的右臉，連左臉也轉過來由他打」，意味著不要以憤怒回應對方……可見，憤怒的情緒有著強大的破壞力，讓人避之唯恐不及。

然而不少人誤解，誤解了順服、臣服與寧靜，並非透過排斥、否定與壓抑情緒，就能達成目標。

憤怒具有力量

人類為何會憤怒呢？那是生物的生存本能。當人遇到了攻擊，生命受到威脅，憤怒的情緒爆發，才有力量保護自我。

不妨想像原始人，當遇到了危險狀況，憤怒的情緒高漲，進行防衛與攻擊行動，生命才得以延續下來。我們從貓狗身上也可看見，牠們遇到危險時，貓狗憤怒的表情，以此保衛自己安全。所以憤怒是生存的資源，生物因為憤怒而產生力量，保護個人的生命財產。

從人類的歷史來看，當人與人發生糾紛，國與國之間有爭執，被欺負、侵略的一方，都會爆發憤怒捍衛自己。當憤怒被合理地運用，憤怒就是一股強大的力量，但是憤怒過了頭，就會衍生出憎恨，做出不理性的行為。

長耳兔，人可以運用憤怒的力量，但是不要被憤怒所掌控。

講一個小故事：

一個法官宣判殺人犯死刑。法官隨即走到囚犯面前，問囚犯還有話說嗎？

囚犯說：「你去死吧，這個偽君子，裁決不公正！」

法官非常生氣，對著囚犯狠狠地罵了一頓。

此時，囚犯的臉上，露出了笑容。他平靜地對法官說：「您是受人尊敬的大法官，是一個有學問的人。我只不過罵您一句，您就如此失態。

我不認識字，小學沒畢業，做著卑微的工作，因為別人調戲我妻子，我才生氣地殺死了對方，成了死刑犯。我們沒什麼不同，都是憤怒的奴隸！」

長耳兔，憤怒控制人，不分貧富貴賤，不管身分高低。但是，人可以學習控制憤怒。如何不被憤怒控制，而能控制憤怒呢？

憤怒的危害

有些人火氣很大，隨意亂發脾氣，不僅口氣不好，還可能罵人、砸東西，甚至動手打人。脾氣暴躁的人，容易誘發心臟與血管的疾病，也影響了人際關係，影響了工作與事業。

當人類進入文明時代，進入民主的社會，已經很少需要透過憤怒，去保護自己的生存權利，而是透過語言的溝通，透過行動的展現，取得和諧共存的發展。但是人的內心，還是存有過去的本能，以憤怒的方式展現生存的力量。

除了憤怒恣意發洩不恰當之外，也有人知道不應被憤怒控制，但是內心仍非常憤怒，只是試著深深壓抑下來，甚至否認了自己的憤怒，因此常會形成胸中煩悶，有時情緒急躁不安。所以有心理學家提到：有人不感覺自己憤怒，是因為不允許自己有憤怒情緒，長期否認憤怒的結果，造成了身體僵硬或癌症。

該如何遠離憤怒的危害呢？

覺察、承認與健康發洩

親愛的長耳兔，想要運用憤怒的力量，不被憤怒情緒掌控，首先要深呼吸，安靜地問自己：「我是否拒絕讓憤怒掌控？要成為一個有力量、而且成熟的人？」

認真地問自己，擁有肯定的答案，承諾自己是重要的。即使做不到，那也沒關係，因為有了承諾，才會逐漸往目標前進。

若是給予自己承諾了，日後感到憤怒的時候，心裡可以提醒自己：現在我在生氣了喔！

有些人在憤怒的時候，人們要他別生氣，他反而會更生氣地說：「我真的沒有在生氣！」若是連自己有無生氣都無法覺察與承認，那想要遠離憤怒，得到和諧與美好，就是不可能的任務了。

因此每次生氣了，先問問自己，是不是在生氣了？若是的話，那就在心裡偷偷跟自己承認。

人擁有憤怒，其實是正常的，那是人與生俱來的本能。真正有問題的，是憤怒的態度，如何表達憤怒的情緒，才是問題的關鍵。

比如人生氣了，說話很大聲，那就是憤怒的情緒，可能阻礙了溝通。或者生氣了，展現了粗暴的行為，便不是負責任的態度；也有人一旦憤怒，就長期不與人溝通，展現冰冷的姿態，以上都屬於不恰當的表達方式。當知道自己在生氣了，決心要改變自己的表達方式，就是負責任的第一步，接下來，再學習如何表達自己的憤怒。

但是，即使如此，憤怒仍然在身體裡面呢！那種感覺很不舒服，要怎麼與自己和諧共存？又如何與他人和諧相處呢？

再說一個小故事。

有一個男人，從年輕開始，只要一遇到生氣的時刻，就立刻停止和別人爭執，以飛快速度跑回家，繞著自己的房子跑三圈，才喘吁吁坐下來休息，憤怒因此減少許多。他不想浪費精力吵架，便將憤怒的力量運用於工作，所以他的房子越來越大，土地也越來越多。但是男人養成一個習慣，不管房子土地有多大，只要與人發生爭執而憤怒，他必定繞著房子土地跑三圈。當男人越來越老，成了一個老人，他的房子土地已經非常大了，但是只要一生氣，他便拄著枴杖，繞著土地和房子走，好不容易走了一圈，太陽都下山了。

老人的子孫們，好奇地問他原因。老人才說：「年輕時，每當我吵架，感到自己非常生氣時，就去繞房地跑三圈，邊跑邊想，我的房子這麼小，土地這麼小，哪有時間跟人家生氣？一想到這裡，氣就消了。現在我生氣了，繞著房地走三圈，邊走邊想，我的房子這麼大，土地這麼多，又何必跟人生氣？一想到這兒，我的氣就消了。」

親愛的長耳兔，男人發洩憤怒的方式，是健康的發洩方式，沒有讓自己或他人受傷。因為憤怒具有力量，只要懂得引導力量發洩，憤怒的感覺會逐漸減弱，也就不會干擾自己了。但是發洩憤怒的時候，不是單純運動發洩力量，而要有意識地發洩憤怒，才不會讓憤怒殘存。

有意識地發洩憤怒，是先覺察憤怒的情緒，將頭腦的開關打開，跟自己慢慢說：「我感到自己生氣了。」「我願意接納生氣的功課。」學習不被憤怒控制，就不會在言行上責怪他人，也不會暗暗責怪自己。

健康發洩憤怒的方式，可以選擇一邊跑步、蹲馬步揮空拳、深蹲握拳等方式，一邊大聲吼著：「我非常生氣！我真的非常生氣！」

透過運動，透過有意識地吼叫，把憤怒的情緒發洩出來。若無法做任何運動，只能找個地方吼叫，而不傷害任何人，那也是很好的方式；有時候不傷害他人，對著空曠之處發洩粗話，也是個不錯的方式。若是感覺憤怒減少了，別忘了跟自己打氣：「我雖然非常生氣，但是我不會被生氣控制。」

吼聲的結尾處，讓自己的行動緩下來，將雙手放在心臟處，感受自己的心跳十秒鐘，邊深呼吸邊跟自己道謝，謝謝自己這麼認真，給自己一個深深的欣賞。

長耳兔，這個解決內心憤怒的程序，需要一點兒時間，卻是培養一個人更穩定，更不常被情緒困擾的方法。當一個人經常這樣做，心靈的憤怒會逐漸減少，被憤怒控制的狀況也會降低，漸漸地就會懂得運用力量，也會成為一個成熟的人。

憤怒時累積力量寫作的

阿建

我真不曉得用走的會有用嗎？
開車先繞個五圈比較快！

20.

有勇氣的長耳兔：

害怕的情緒，常讓人困擾，因為害怕會阻礙成長，阻止人們追尋的可能。

當一個人要上台演講，面對群眾發表意見，有些人感到害怕，身體便有了反應，不斷顫抖流汗，頭腦不能思考，雙腳寸步難行，失去了表現的機會。或者有人經歷傷害，傷害在腦海印記，遇到相同的事件，身體與心靈都有反應，真是讓人傷腦筋呀！

因此人們常稱某些人懦弱、沒有勇氣、不夠勇敢、裹足不前……這些人，都是容易害怕的人。

親愛的長耳兔，你也會有類似的困擾嗎？面對害怕的情緒，該怎麼辦呢？先說一個寓言給你聽。

改變恐懼的心靈，不是改變環境

一隻小老鼠生活在恐懼之中，天天都憂愁極了，因為牠非常怕貓。為什麼要當一隻老鼠呢？上帝創造萬物，卻也太不公平了，生而為老鼠，遇見貓就得逃跑，出門都得戰戰兢兢，無時無刻不活在恐懼之中。

上帝聽見牠的抱怨。

上帝吩咐天使，將這隻老鼠變成貓吧！變成一隻大貓，就不會害怕了。

老鼠變成貓了，而且變成了大貓。大貓早起真興奮，昂頭挺胸不再怕貓了！

但是大貓遇到一隻狗了，狗真是凶猛，遇見貓就開始追。貓發現，狗更是可怕呀！比貓還要可怕太多了，而且大貓身形壯碩，更不方便躲藏了。

大貓生活在恐懼之中，天天憂愁極了，因為牠非常怕狗，世界真是不公平呀！

於是天使將牠變成一隻狗。狗兒昂頭挺胸走路，但是狗而必須看守門戶，需要跟狼撕咬拚命，牠真是害怕極了。

於是天使將牠變成一隻野狼。

但是野狼失去保護，行走在野外更加恐懼，萬一遇到更凶的野獸，或者遇到獵人，該怎麼辦？

天使很無奈，只好將牠再變回一隻老鼠。

親愛的長耳兔，牠需要的是勇氣，即使感到害怕，也能夠面對世界，而不是被害怕給征服了。

但是，要如何克服害怕呢？

其實害怕並不是壞事，害怕也是生物的本能，讓人能夠存活下來的資源。

害怕助人生存

設想一個原始人，生活在充滿危險的大自然，怎麼樣才能更警敏、才能懂得在危險時脫逃呢？靠的其實就是「害怕」，害怕使人變得謹慎，變得處處小心了，才能安全地存活下來。

掌管人類「害怕」的器官，是側腦室下角前端的杏仁核，它具有調節內臟活動，以及產生情緒的功能，能引發應變反應，讓動物挺身戰鬥或逃離危險。杏仁核體積雖然小，但是對情緒反應十分重要，尤其是恐懼的情緒。

科學家曾經做過試驗，將老鼠的杏仁核切除，放在森林裡面，沒多久就被獵物吃掉了，因為老鼠已經不會害怕，也就不再謹慎，大膽讓自己置身於危險之中了。

長耳兔，由此可見，害怕不是個壞東西，是幫助人類生存的本能。

但是像剛剛那隻老鼠，一直被恐懼掌控，那是怎麼回事呢？

再說一個小故事給你聽。

恐懼常是虛幻

有一個人內心充滿恐懼，出門在外總覺得害怕，總覺得有個黑影跟著。那人一出門，便頻頻回頭，頻頻看著地上，他發現自己走過的路，還留下一個個腳印。他不斷朝後面張望，一連串的腳印連到他的腳下，還有一個黑影與腳印相連，他感到無比害怕，想趕緊擺脫黑影和腳印。但是他走得快，黑影子也跟得快，無論如何都擺脫不了。

恐懼使這個人開始奔跑，他使勁沒命地跑著，但是影子也跟得越快，腳印也越來越多。他不敢跑到黑暗的地方，那會讓他更恐懼；他也不敢跑回自己的家，若是將影子帶回家怎麼辦？他只能拚命地、不停地奔跑，也不停地害怕著，最後終於筋疲力竭，心力交瘁而死了。

長耳兔，人們恐懼的事物，時常是不存在的，而且在越靠近光明的地方，恐懼竟然會伴隨而生，阻礙了人們的幸福。

怎麼會這樣呢？

根據科學家的研究，當一個人曾經受傷害，杏仁核的特定區域「學會害怕」，就會產生恐懼記憶。神經信號會發送訊息到人的自主神經系統，因此心跳開始加速，手掌開始出汗，肌肉開始收縮，產生顫抖之類的反應。

因此人們常說：「一朝被蛇咬，十年怕草繩。」

原本害怕是來保護我們，讓人類養成小心謹慎，好存活在這個艱困的世界。因為對高有恐懼，所以避免靠近懸崖；因為害怕野獸，所以小心翼翼，不至於受傷；因為害怕危險，因而保住了性命；因為到過可怕的地方，所以害怕再到類似的環境；因此人們學會害怕黑夜、群眾、壓力、暴力……

但是在文明的社會，對人類威脅的事物，已經大大減少了，我們可以放下大量的恐懼，去探索我們的世界，探索人的可能性。但是生命的記憶中，可能還保留過去的經驗，害怕的感受不斷出現，提醒我們危險來臨，但環境中已經不再危險，那些恐懼的提醒，就像怕影子的那個人，阻礙了他的成長，因為他的害怕常是虛幻的……

學習面對害怕

親愛的長耳兔，但是當人害怕的時候，還真難以克服呀！

我曾經認識一個女孩，她是我的學生，每次要上台表演舞蹈，台上聚光燈照耀著，台下觀眾注視著，她都會感覺無比害怕。有一次，輪到她演出了，我看見她在後台發抖，淚水不斷地滑落，我知道，她又感到害怕了。但是令我佩服的是，當幕簾拉起來時，她立刻走上舞台，跳出一支又一支精彩的舞蹈。

我問她難道不怕嗎？她回答：「當然害怕呀！但是我還是跳啦！」

她的恐懼是虛幻的，因為台下的觀眾並不會對她有威脅，但是她的杏仁核學會了害怕（也許她曾經有受傷的經驗？），想要保護她。不過，她並未被害怕控制，反而用行動證明，她可以不受傷害……

長耳兔，害怕是一種感覺，是頭腦傳遞給身體的訊息，這份訊息有可能是虛幻的，但是這樣的感覺卻讓人困擾。若是想面對害怕，就要認真地深呼吸，堅定地告訴自己：我不會被害怕控制。這份信念是很重要的，必須下達給頭腦知道，來對抗頭腦給予的虛幻訊息。

那麼，有沒有簡便的方式，面對害怕呢？

若是你要面對上台，面對某個比賽，而感到害怕不安，那麼你不妨試試看這個方法（見下頁）：

1、先閉上眼睛，深呼吸五次，緩緩跟自己說：「我能勇敢面對恐懼。」

2、張開眼睛之後，仍然緩緩的深呼吸，以右手的食指、中指與無名指，敲擊左手無名指與小指接縫處，約兩公分處的穴道，敲擊十次左右；再換左手敲擊右手同樣指縫處穴道。

反覆呼吸與敲擊之後，害怕將會減少很多，便不會被害怕控制了，也就有勇氣面對挑戰。

若是曾經受過傷害呢？

比如曾被老師責罵，因而害怕老師；曾經受到挫敗，而懼怕被人恥笑；曾經遇到某一類人，因而不敢到學校上課……

當杏仁核為了保護你，釋放了害怕的感覺，提醒你注意的訊息，你可以試試下列方法，以及冥想，若是有你信任的人，在身邊陪你一起做，那會更好一些：

1、先閉上眼睛，深呼吸五次，緩緩跟自己說：「我會勇敢面對恐懼。」

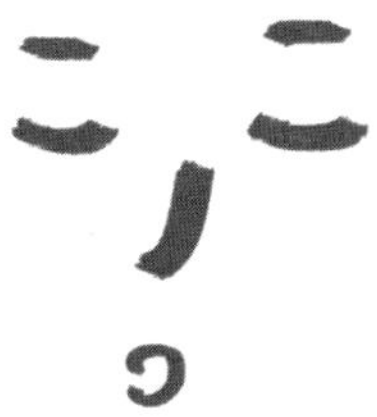

2、再次深呼吸，閉起眼睛，想像那些曾經傷害你的人，想像那些人傷害你的眼神、語言或神情。這時候你會感到害怕，並且專注地感覺，看見自己是害怕的。

3、想像自己是一位勇者，對著那些傷害你的人以憤怒的語言斥喝，喝令他們滾開。

這個冥想每天進行數次，冥想結束之後，回到深呼吸，並且給予自己一點兒讚許，這樣子持續一個月，並且檢驗自己的害怕少了多少？

親愛的長耳兔，這是我面對恐懼的方法，你不妨試試看。

因為腹瀉太多次，對馬桶有恐懼，而斥喝馬桶滾開的

阿建

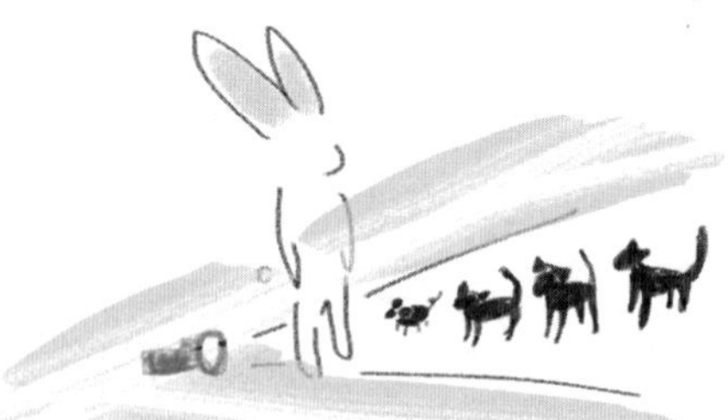

嗨，影子們！

敏感的長耳兔：

你問我，難過時該怎麼辦？

難過的時候，你會想哭嗎？你會想要停下來，暫時安靜一下嗎？你會想要找人談談你的難過嗎？

我上面所提的事情，是你想要的嗎？如果是你想要的，那就這樣去做吧！還是，你不確定、不確定自己是否要這樣做呢？

親愛的長耳兔，我在前幾封信提過，人類的情緒其來有自，因此無須抗拒這些情緒。我們擁有生氣的權利、害怕的權利、焦慮的權利，我們為自己的情緒負責，健康地表達這些情緒，積極一點兒運用情緒，不讓情緒干擾我們。當然，人類也擁有難過的權利。

為何人們常排斥難過？看見有人難過了，人們便轉移話題了；看見有人悲傷了，便要他不要難過；看見有人哭了，就要他不要再哭。人們最常說的是：難過能解決問題嗎？

還有難過帶來的氣氛，讓環境凝結尷尬，人們不知道該如何面對。

只有難過的確無法解決問題。長期陷入憂傷的人，身體的能量被凍結，又怎麼能面對外在的世界呢？常陷入難過的人，人生觀往往比較消極，屬於悲觀的一類人。

樂觀與悲觀

在生物的發展史上，積極而樂觀比較能生存，人類的情況也是這樣。

講一個小故事給你聽。

有位國王要遴選王位繼承人，他的兩個兒子誰比較適合呢？國王打算給他們考驗，考驗他們遇到困難時，面對的態度是什麼？是積極還是消極呢？依此，就可看出適不適合繼任國王。

國王給兩個兒子一個任務，要他們騎馬到遠處的小鎮，購買一樣東西回來。

國王各給他們一枚金幣，卻偷偷將他們衣服口袋剪破洞。

傍晚時分大兒子回來了，悶悶不樂地說：「今天真的很倒楣，金幣丟掉了！」

到了晚間，小兒子回來了，買了城堡的組合模型回來，很開心地展示自己的構想，自己未來的城堡要如何蓋？

發生了什麼事呢？

小兒子到了小鎮，發現口袋破了一個洞，金幣不見了。小兒子感到很失落，蹲在路邊哭了十分鐘，哭完之後去找遺失的金幣，但是小兒子並沒有找到。國王好奇地問他，那你怎麼買了組合城堡呢？小兒子開心地說：「我既然好不容易來這裡，就還是想要買到東西回去。我看到路邊的工人進行一個很困難的工程，因為鷹架不好搭，兩個工人摔了下來。因此我和工頭商量，我有好法子搭好鷹架，這個法子需要兩枚金幣，工頭答應我的要求，所以我花了一金幣買模型，又賺了一枚金幣。但是我沒忘記怎麼丟掉金幣的，所以我檢查了口袋的破洞……」

小兒子手裡拿著一枚金幣，高興地說著自己的遭遇。

國王會選誰當國王呢？答案應該很明顯。

樂觀有助於生存，帶著積極向上的動力；而容易陷入難過的人，比較容易悲觀。

但是人們忽略了一件事：重點不是人們會不會難過，而是，如何面對難過？

國王的大兒子陷入了難過之中，因而悶悶不樂，他被難過困住了，頭腦也停止思考了。國王的小兒子因為失落而難過，但在哭了十分鐘之後，就重新擁有力量，以智慧與行動，為自己贏得人生。大兒子被難過取得主導權，小兒子的主導權則在自己。

心理學家發現：樂觀的人比較長壽，樂觀的人也比較好運。

面對難過的情緒

人們為何會難過呢？

人因為有感情，感官變得纖細，對世界的觀察也變得豐富。因此很多藝術家看來多半多愁善感，他們看世界的角度不同，開發了人生各種美感。

藝術家懂得運用難過，便能夠發展在藝術上，創造美麗的事物。但是當藝術家被難過的情緒掌控了，也可能陷溺於憂鬱，因此藝術家被難過控制，因而結束生命的消息常有所聞。

如何面對難過的情緒呢？

身為一個人，首先得承認：人是會難過的。難過並不是懦弱，也不是無用的，而是擁有豐富的美在其中。人應該允許自己感到難過。

有些生物學家，曾經歸納生物難過的原因，可能因此能召喚同類，給予同情與幫忙，滋養生命中的能量。

但是人們很怕被難過掌控，一旦被掌控了，生命就充滿無力感。所以才會看見人們說：不要難過！不要流淚了！甚至為流淚貼上負面標籤。

親愛的長耳兔，流淚並非懦弱，流淚是情感的表達，也是力量的泉源。因為難過不抒發的話，會累積在心裡、身體裡，仍舊會變換著形式呼喚，人也會以不同的方式被難過掌控。

當一個嬰兒誕生了，經常是哭著來到世界。因為透過哭泣，能在害怕中取得力量，也對健康有幫助。

有位生化學者弗雷博士（**William H. Frey II**）指出：當人發生壓力的事件，體內會創造有害物質，而流淚時就能排出毒素，回復生物體內的平衡。

有人藉此說明了女人為何比男人長壽：因為女人勇敢流淚。

所以長耳兔，勇敢流淚吧！找個靜靜的地方，靜靜的一小段時間，讓自己盡情流淚。想要訴說的話，那就找個安全的方式，找個願意接納你難過的人，好好地訴說吧！

回到生命的力量

有人不禁想問：如果流淚有力量，為何很多悲傷的人，終日以淚洗面，卻並未擁有勇氣呀 !?

長耳兔，因為悲傷的人，雖然流淚了，但是「心念」並未掙脫「受害」的情結，思緒不斷被帶回受害的畫面，也就學不會為自己負責任。

那怎麼辦呢？遇到這樣的狀況，先對自己許下承諾，這是對自己的信仰：我不會被難過控制，我要脫離這樣的處境。

接下來深深地呼吸幾次，試著做下列我稱之為「**5A**」的對話。

因為很多人難過時，並不是專心於「難過」，而是專心於頭腦裡的「事件」，不斷在懊惱、悔恨、憤怒與自責。

要如何專注於難過，而不是被事件帶著走呢？

這個步驟就是**5A**的自我對話程式。當我們意識到難過，頭腦的畫面又來騷擾了，先透過深呼吸讓腦袋停頓，給自己兩分鐘的時間，找一個小小的空間，和自己進行對話，這個對話的脈絡是：

- 覺知（**aware**）難過。
- 承認（**acknowledge**）難過。
- 允許（**allow**）、接受（**accept**）難過。
- 轉化（**action**）難過。
- 欣賞（**appreciate**）自己，這個步驟是回到生命力。

具體的作法，就是專注地感覺難過，並且對自己說話，更重要的是「專注地聆聽」對自己所說的話，讓頭腦不至於陷溺在事件裡。

我舉例寫在下方：

1. 我感覺自己有一點兒難過。（停頓十秒鐘。）

2. 我承認自己是難過的。（停頓十秒鐘。）

3. 我允許、並且接納自己感到難過。（停頓十秒鐘，甚至更長一點兒時間。）

4. 做五次深呼吸，感覺呼吸從鼻腔進，從鼻腔出去。

★**5.** 告訴自己，即使我感到難過，我也欣賞自己，仍然這麼努力。

我在第五項，打了一個星號，因為這個步驟特別重要。

一般人在難過中，看不見自己的生命力，所謂的生命力就是價值、愛，比如事情沒做好，但是也還在努力；比如搞砸了某些事，但是自己是想要做好的；比如這樣的自己，其實是值得被愛的，不管別人怎麼想，起碼我願意深深愛著自己。

懂得回到生命力量，而不是陷溺其中，就不會可憐自己，而是深深地愛自己，願意陪伴自己站起來。難過情緒的抒發，是一種良性的循環，而不是重複進入無力可憐的狀態。

這樣的過程，也需要每天操作幾次，專注地感覺心靈的放鬆，感覺身體的細微反應，並且給予自己寬容，也願意再次努力。

難過的處境，有非常多狀況，親愛的長耳兔，我舉出一個普遍性的狀況，你不妨試試看，並且給予自己更多耐心，我也願意陪伴你……

不再視難過如洪水猛獸的

阿建

早知道要有出門先檢查口袋的習慣。

22.

溫潤的長耳兔：

當我們提到情緒，很多人會說：「何必去管情緒呢？不要理會『它』就好了。」這樣就能平靜地面對事情。

忽略情緒的方法，並不能讓人達到美麗、完整、寧靜，有生命力的境界。靜心並非透過忽略獲致，忽略的意思是：存在，但不予理會。因為忽略情緒，是一種冷漠、無視自己的態度，那便會遠離自己，連自己也不認識了。

這不是一件很荒謬的事嗎？人與自己的關係疏離了，又怎麼擁有真誠，且成功的對外關係？對自己冷漠的人，不會對世界真正擁有熱情。

不理會情緒，不代表不受到干擾，而是漠視了感覺，也失去人豐富的面向。因為人不是一個機器，而是擁有豐富的感受。

再說一個小故事。

情緒與生俱來

小熊誕生了，生來就會哭，家人好開心呀！這是活潑的生命。

小熊餓的時候，還不會說話呢！就會用哭表達，媽媽會給小熊吃。

穿衣服的時候，穿得太多了，小熊感覺到熱，會生氣地踢踢腳，家人就知道也許衣服穿多了。小熊害怕了，他不敢去黑的地方，爸爸會陪他去。

小熊會難過，也會生氣，也知道自己會害怕，他剛剛學會表達這些本能。小熊是個孩子，這些情緒都被包容。

小熊漸漸長大了。

小熊跌倒了，他感到很難過，因而哭了起來。

爸爸對他說：你不可以難過，因為你已經長大了。小熊被這樣一說，感到很生氣，氣得搥了桌子一下，爸爸對他說：你不可以生氣，你要當一個紳士。小熊被責備了，但是他既生氣又難過，害怕自己不符合期待，因此不敢面對群眾，爸爸對他說：你不可以害怕，你要當一個男子漢。

小熊成為一個理性的人，也學習如何堅強，這是爸爸教給他的工具，這樣才能贏得爸爸的愛。

因此當他難過的時候，他用堅強包裝著難過；害怕的時候，用堅強包裝恐懼；當他孤單的時候，也用堅強包裝寂寞；當他生氣的時候，學習用理性包裝憤怒。

小熊不會哭泣，也不容易表現孤單與害怕，更不會讓憤怒顯現出來。

家人都稱讚他，稱讚他是個成熟的孩子，稱讚他真是堅強呀！

家人覺得小熊好穩重呀！事實上，小熊也覺得自己好沉重呀！他用理性、堅強層層包裹著自己，那真是沉重的重量，他連走路、做事、呼吸，都感覺好沉重啊！而且他變得沒什麼感覺，當人們感到激動，他覺得很無聊；當人們很感性地互動，他覺得不自在；當朋友感到很難過，他像一個冷冰冰的機器，感覺不到任何溫度；遇見美麗的事物，他欣賞的角度，著重在知識的層面，在乎對錯與輸贏，體會不出他真正的熱情。

漠視情緒的代價

但是小熊身體裡面的難過、恐懼與孤單，會就此不見嗎？喔！它們並不會消失，這些感覺只是被漠視了，被掩蓋住了。但是多年來的訓練，使得小熊不認識這些情緒，這些情緒即使存在，都被認為是阻礙成長的絆腳石，小熊試著用更多的忽略漠視「它」。

但是小熊身體裡面的情緒，讓小熊有時候覺得煩躁，彷彿要掙脫他的外衣，急著撐破他的防護罩。

有些時候情緒蓋不住了，偶爾會突然爆破跑出來。

當他遇到不如意的事，尤其是不能滿足自己或父母的期待時，他的眼淚偷偷地跑出來了。他的父親就會嚴厲地說：如果你還會哭，那表示你不夠成熟。

他偶爾爆發出來的脾氣，失控般的活蹦亂跳，竟然讓他摔了東西。他的父親會搖頭說：你還不夠理性。

當他流露出恐懼，稍稍遲疑而未行動，他的父親就會嘲笑他：你怎麼會感到害怕呢？那表示你不夠強壯。

每當小熊流露出這些情緒，爸爸就會拂袖而去。爸爸常訓他：如果你想獲得成就，你就不會有時間難過；如果你想獲致成功，你就沒有權利害怕；如果你想成為大格局的人，你就沒有資格生氣，你要冷靜冷靜再冷靜，堅強堅強再堅強，才能面對周圍挑戰。

小熊有三兄弟，爸爸都用同一種方法教導。

但是小熊大哥的情緒卻暴起暴落，平常都表現很節制，但是遇到挫折時刻，大哥會生氣大吼，還會伴隨大哭大鬧。小熊弟弟則是非常懦弱，畏畏縮縮地不敢做任何嘗試。

三兄弟中只有小熊最聰明，平常表現最優秀，情緒的控制也最好，雖然偶爾會有暴走時刻，但是小熊表現傑出，這樣的時刻越來越少。

小熊漸漸長大了，成為一位看起來「成功的人士」。

但是小熊發現，當別人講難過的事件，他沒辦法專心參與，何必要被難過困擾呢？當女友的車子被刮了，小熊站在現場看著，並沒有憤怒地捍衛女友，只是很理性地說道理，女友簡直快要氣炸了。當小熊恐懼做一件事，他只說自己不要去做，用了很多似是而非的理由，卻無法承認自己的害怕。

朋友們稱讚他的好脾氣，稱讚他的冷靜與理性，但是他卻不是一個好親近的人，彷彿是一個冷冰冰的機器人，他的同情心並不像發自內心，似乎隔了一層的感覺，他的難過被人感覺很假，他的同理心似乎只是道理，而不是真正的對他人同理。

尤其是小熊遇到悲傷的事，比如參加父親的喪禮，他竟然感覺不到悲傷。

怎麼會不悲傷呢？眾人說他不孝順呀！怎麼會喪父而不悲傷？至於愛這件事，對他而言只是一個名詞，一種人類的現象，而不是一種深深的感動。

小熊也不太瞭解自己。

小熊找心理師閒談，談到這些情緒，他似乎都沒有，但是他覺得自己應該要有，因為正常人應該有這些情緒。

情緒到哪兒去了？

他開始檢查自己的情緒，發現他其實有這些情緒，但是卻隱藏得很深，隱藏得很好。當他感到悲傷、難過、憤怒等刺激時，他學會了漠視，迅速地穿戴堅強與理性。因為他小時候被教導，若是出現了這些情緒，爸爸就會漠視地離開，他就不值得被愛了，他不想失去父親對他的愛，也就學會迴避這些情緒。他只知道自己「應該」理性與堅強，「不應該」難過、生氣與恐懼，他成了一個硬邦邦的機器人，不只不能在情感面瞭解別人，甚至他也不瞭解自己！

情緒躲起來了，躲到很難被真實碰觸的地方，也很難被自己承認，他的頭腦已經「訓練有素」。因為小熊的「應該」與「不應該」，總會迅速給他準則，小熊很難在頭腦與心靈同時體驗情緒。

親愛的長耳兔，小熊怎麼會認識自己呢？他被教會要漠視自己，他是一個成功的「機器人」。

人是有溫度的，那是生命力的表示，人可以體驗到情緒。

但是情緒存在時，並不一定能健康發展，世界上的人都在學習，甚至終其一生在學習如何應對，即使是一個事業成功的人。因為沒人想成為機器人，即使是一個成功的機器人。

我希望你成為一個完整的人，成為一個豐富且為自己負責的人，成為一個與情緒自由相處的人，因此我寫了幾封信談情緒，這需要耐心地學習一段時間，我會慢慢等待，因為我也等待自己很長的時間。

不必漠視情緒而能靜心的

阿建

我覺得我絕對是一隻熊。

23.

定靜的長耳兔：

你問我關於專注的問題，提到為何師長常要我們專注？

因為專注才能有效學習，才能真正活在當下。越能運用專注的人，越能夠真實地存在。

專注的故事

古今中外，有很多故事都在講專注，與你分享幾個小故事。

當我還是一個小學生，老師常講「割席斷交」的故事，要我們專注於學習，並且告訴我們，不能專注的人，不適合當成朋友。

管寧和華歆是好友。兩人一起在院子鋤地種田，忽然挖到了一塊金子，管寧視而不見，繼續鋤著田地；但華歆卻不是這樣，將金子撿起來看一看，才丟在旁邊。

管寧和華歆一起讀書，一陣喧譁聲音傳來，原來是官員從門前經過，管寧依舊專注於讀書，華歆卻放下書本，跑到外面去看熱鬧。

管寧覺得華歆不可交往，於是管寧就割斷了坐席，與華歆絕交了。

小時候我讀到這一課，感到非常困惑，因為我比華歆更糟糕呀！而且為何不能撿金子呢？為何不能湊熱鬧呢？為何這樣就要絕交呢？但是，這篇文章老師的主題是「專注」，可見老師很重視專注呀！我感到困惑，只是分心一下下，有什麼關係呢？而且我覺得管寧並不專注，他也分心在意華歆的舉動呢！

後來我看了很多故事，都在教人一定要專注，我明白專注的重要，但是困惑的事情也不少。我看到清朝有位畫家對門生非常嚴格，教學生作畫的時候，一定要學生專注，他常對學生說：「想跟我學畫，必須專注地看我作畫，身體不准動，眼睛也不許眨眼。」

親愛的長耳兔，還好我不是他的學生，否則一定吃不少苦頭。

那位畫家正在作畫時，一隻蒼蠅飛到墨水盒上，一位門生揮手趕走那隻蒼蠅。畫家很嚴厲地斥罵：「你在幹什麼？」門生表示想趕走蒼蠅。

畫家對著學生罵道：「你不專注於我的畫法，一隻蒼蠅就讓你分心，可見你根本不專心。」畫家將這位門生趕走了。

原來老師都喜歡專注的學生，但是我的困惑是，老師也不專注於畫畫吧！才會看見學生揮手趕蒼蠅。

古代典籍《列子》「紀昌學射」的故事，說明專注獲致成功。飛衛是偉大的射手，收了弟子紀昌。飛衛並不教導紀昌射箭，而是訓練紀昌不眨眼，這是一件困難的事呀！當一個事物接近眼前，腦袋裡面的思緒就會干擾，讓眼睛眨起來了，怎麼能專注於當下呢？

因此，紀昌躺臥在妻子的織布機下，眼睛對著來回的織梭，每當織梭降下來，接近眼睛的時候，紀昌便不由自主地眨眼，因為害怕織梭刺到自己，即使明知織梭不會刺到，腦袋裡的念頭總會出來干擾，不能夠專注於當下。

兩年時間過去了，紀昌練出穩定的心理素質，即使銳利的刺接近眼睛，他都不會眨眼，能專注且準確地判斷。

當紀昌學會了專注，飛衛接著要他學習更上一層的專注：「視小如大，視微如著。」這就像棒球選手，看見小小的棒球，快速地飛過眼前，彷彿看見籃球一樣，一揮棒就能擊出安打，這不僅是訓練技巧，也是訓練專注以對的功夫。

紀昌為了訓練專注，也能訓練技巧，用毛髮繫上一隻蝨子，每天腦袋裡不胡思亂想，專注地看蝨子。十天之後，蝨子果真不小了，他能清晰看見蝨子，他這樣訓練了三年，蝨子看起來就像車輪一樣大。從此以後，紀昌能專注地注視細微的小東西了。這時候紀昌拿起弓，搭上箭射小小的蝨子，一箭射中蝨子的中心。紀昌已經成為一名神射手了，他的心念可以瞬間專注。

長耳兔，原來專注是學習的重要工具，難怪所有的老師都希望學生專注。不過這一則故事很精彩，我還是將後續講完吧！

紀昌學成之後，決定射殺飛衛，成為天下第一人。正巧師徒兩人在路上相遇，紀昌搭箭向飛衛射去，飛衛情急也射箭回擋，兩支箭在空中相遇，針鋒相對而落下來。可見這一對師徒技藝高超。兩人不斷來回相射，最後飛衛沒有箭了，而紀昌尚有最後一支。紀昌最後一支箭射來，飛衛拾起一根荊棘的刺，以荊棘銳利的尖端削掉利箭，因此躲過了一劫。

我有專注的能力

我從小就受大人的教誨，故事書裡的寓言或傳記也讓我知道，一定要專注，才能成功。但是，我偏偏無法專注呀！而且，大人也沒有教導我專注的方法。

我以為自己是不能專注的，但是後來，我發現自己可以專注。

比如我專注於打電腦遊戲，專注於看故事書，專注於聽音樂……只是這些我所專注的事物，對於我的人生可能沒有助益。原來，面對我有興趣的事物，我就能夠專注下來；面對我沒興趣的事物，或者沒有看見成就的事物，我就無法專注以對。但是我起碼認識了自己，知道我是可以專注的，因此我「改變」了我的「心念」。

長耳兔，你一定也有可以專注的事物吧！那就是你的資源。你一定可以專注，只是要學習如何將專注運用到有用的事物。

時光來到了二十一世紀，現代人更不容易專注了，因為大量的媒體，大量的燈光聲色刺激心靈，人們隨時滑手機，隨時上網無意識地瀏覽，心靈已經很難於專注了。因此我在前面的信裡，提到如何面對壓力，累積小小的美麗，讓自己擁有小小的執行力，看見並養成自己專注的能力。看看《列子》中的紀昌，不也花了三年才不眨眼嗎？

若是想要養成隨時都能專注的能力，那就需要靜心的練習。現代人無法靜心，因為太多的誘惑讓我們的心思複雜起來，但是可以慢慢培養，並且累積靜心的力量。

什麼是靜心？

什麼是靜心呢？這裡有一個小故事。

有一位賣菜的販子，定期送青菜到廟裡，常看見師父在靜坐參禪。

販子來廟裡久了，便問師父在做什麼呢？師父說：「我在學習讓心定下來，這樣就不會胡思亂想，能夠在生活中安然，感受深深的喜悅與自在。」

菜販覺得這樣的境界好極了，因為菜販心靈總是不安靜，常常胡思亂想，擔心一些不該擔心的事物，常想著要好好學習英文，才能將菜賣給老外，卻又定不下心來學習。每天聽老婆嘮叨，他就想逃出去；看見市場有人賭博，他就想要去參與，要是能真正靜心下來，不被這些事物干擾，就太好了。

菜販也跟著坐下來「靜心」了。不一會兒，菜販大叫一聲：「我參悟出來了！」

師父驚訝地問他悟出什麼了？

菜販說：「我突然記起來，隔壁老王家的扁擔是我的，已經借給他十年了，難怪看起來這麼眼熟。」

菜販飛也似地跑走了。

長耳兔，很多人以為的靜心，只是靜靜地坐下來。但是即使身體不動了，思緒卻不斷紛飛，哪裡是靜心呢？

奧修有一則故事，最能說明這樣的狀況：有位修道人去找師父，他師父是廟裡的高僧。

修道人單獨進了廟，沒想到師父卻說：「你單獨一個人來就好！不要帶那麼多人！」

修道人回頭看，以為有別人跟著來，但是身後一個人也沒有，師父說：「不要向後看，要向內看。」

修道人閉上眼睛，發現師父說得對。他已經離開家人了，頭腦還在牽掛家人，他已經遠離朋友了，但是影像卻還在，送行的朋友們還站在頭腦裡。

師父要他出去：「等你單獨一個人的時候再進來，我不想跟那麼多人講話！」

修道人在廟外等待一年，終於能夠靜靜與自己相處，腦袋中沒有思緒干擾了。這時師父才要他進門：「你現在已經準備好了，沒有其他人干擾，我們可以對話了。」

腦袋裡想東想西，心就靜不下來，做事情也不能專注，可能連睡覺都會失眠呀！但是，一般人很難靜心，因為當人們有了情緒時，並不知道該如何健康地面對它們，因此胸懷之中存在著很多憤怒、焦慮、害怕、沮喪……如此一來，又怎麼能使心靈安靜下來呢？又如何能夠專注面對事物呢？因此前面幾封信，說明了健康應對情緒的方法，是靜心的前奏曲。

靜心的小方法

我提供幾個靜心的小方法，有空時可以參考。

1. 專注地深呼吸，感覺呼吸從鼻腔進出，每天有意識地深呼吸幾次。
2. 聆聽音樂時，試著記錄一下，哪一種音樂能夠讓你心靈寧靜？比如能讓我心靈寧靜的音樂，是已故的鋼琴家**Arvo Pärt**的專輯**Alina**，我每天都會播放十分鐘，專注地聆聽，心靈會感到寧靜。
3. 閱讀時，是否哪一句話，或哪一首詩，能讓你心靈寧靜下來？試著記錄起來。比如有些泰戈爾的詩，會瞬間讓我寧靜，我便記錄下來；有些人唸佛經，或者祈禱文也能寧靜，那便記錄下來。
4. 有意識地減少上網、打電腦遊戲、看電視或聽令人浮躁的音樂，也減少與浮躁的人相處。
5. 給自己一段專注的時光，也許五分鐘。深呼吸之後，打開聽覺聆聽聲音，也許是引擎的聲音，也許是鳥叫聲音，也許是任何聲音，並且感覺自己的心靈漸漸寧靜。
6. 若是專注喝一杯茶，慢慢吃一塊點心，也能帶來寧靜的話，記錄下來。比如我看村上春樹《挪威的森林》，寫著一段主角將海苔捲著小黃瓜吃，我便覺得這是單純美好的滋味，因此偶爾會在生活中照做，心靈也感到了寧靜的感覺。

親愛的長耳兔，每天意識到自己可以靜心，讓自己體驗靜心的感覺，並且緩緩地經驗它，慢慢地擴大這樣的感受，那麼心靈就更容易寧靜，也更容易專注下來了。

若是現在挖到金子，一定立刻去換錢的

阿建

24.

自由的長耳兔：

聽說你要出國旅行，那真是美好的事，你一定很興奮吧！

旅行能夠讓人放鬆心情，讓人增廣見聞，也能夠打開豐富的感官，有助於人的成長。尤其是自助旅行，需要自己搜尋資訊，留意食衣住行玩樂，規劃行程如何安排，本身就是一種學習的過程。

人生應該去旅行，因為人生就是一趟旅程。

打開感官的體驗

我記得第一次出國，已經是二十八歲的年紀了，當時去菲律賓當翻譯，趁空到處亂晃。我至今仍然記得，步出馬尼拉國際機場，機場灰灰的顏色，高溫的熱風來襲，空間有一種扭曲的錯覺，鼻腔中滿溢著南洋的氣息，我覺察自己在南國異鄉，那種心情相當特殊。

我在街道上行走，注意路上的公共運輸，竟然有公車、吉普車、馬車、人力三輪車、人力拉車……在我跟前吆喝著拉客載客。長耳兔，我竟然每一種運輸工具都搭過，擠在狹小開放式的公車，聞著南洋的氣息；和馬車伕、人力車伕討價還價，只為了節省一塊錢。

我在路邊吃特殊的南洋料理，吃奇特的水果，嘗好滋味的小吃，當然也踩過地雷。我買過類似酸橙的水果，小販加了大量的鹽巴，我嘗了一口，就在街上狂吐，也曾吃過路邊小販特製的食物，晚上巴著馬桶狂拉。

狹小的街道，潮濕雜沓的小吃店，路上的每一盞燈都吸引我目光，房子的線條、顏色、造型都引我駐足觀察，每一台提款機前面都有荷槍的員警，進入百貨公司也要被搜身。我認識了當地的朋友，我們一起去看電影，電影院爆滿，只得坐在階梯上……

三年之後，我去京都，那是我第二次出國，自己訂了榻榻米民宿，擠在大眾食堂吃早餐，醃菜、醬瓜與白米飯都好可口。搞懂公車該如何搭？有時候迷路了，迷路了也很好，因為每一個地方都美麗，在大雪紛飛的街道行走，白雪淹沒了世界，京都的顏色單純只有黑與白。

我記得第一次在京都搭公車，彷彿是搭著巴士去飄流，下了車，在落雪的街頭駐足，冷空氣從我的鼻腔進出，我的肺腔是乾淨的，頭腦是冷靜的，視野是新穎的，耳朵是寧靜的，每個毛細孔都打開了，有一種特別的感覺在跳動。當時我已經有相機了，對著樸實的電線桿拍照，對著雪中的建築、花草樹木按快門，每一個小事物都美麗。我在紛飛的雪中行走，每一個步伐都留下足印，經過大牆院落的奧丹豆腐，多想來一碗小炭爐上的熱豆腐，但是三千日幣的豆腐吃不起，就駐足在雪中觀賞女侍端豆腐，看客人吃熱呼呼湯豆腐的幸福模樣，再跑到嵐山吃一百元日幣的豆腐，那種滋味至今都絕美地長存。

親愛的長耳兔，當年我很貧窮，旅行對我很奢侈，但是貧窮的旅行是一種幸福，因為懂得珍惜與探索，感官因此細膩地被打開了。

回到台灣之後，我發現自己開始注意周遭了，懂得觀察各式各樣的電線桿，線條都建構出一種美。懂得看台灣的建築，發現台灣的屋頂很特殊，在太陽下亮晶晶，家家戶戶都裝了水塔，這是我未出國前沒發現的。當我去金瓜石、瑞芳、石棹、羅東、銅鑼……這些有懷舊氣息的小鎮，我的鼻腔特別敏感，能聞到桂花、茶花、梅花、檳榔花的氣息；我的視野特別不同，看見木窗框、鐵欄杆、小院落，都懂得欣賞美的細節；我的味覺更纖細，虱目魚的滋味更鮮美，一盅茶的韻味更豐富，白米飯的口感更香甜；我的聽覺更敏銳，無論是火車經過鐵軌的聲音，蟲鳴鳥囀的吟唱，風吹樹葉的節奏，都被我有意識地傾聽……我發現這個世界更有趣了。

當我回到了台灣，還刻意去坐了公車，看城市裡的風景，打開塵封已久理所當然的感官，發現一個新的世界，更寧靜緩慢且如實的生活。

親愛的長耳兔，旅行與閱讀最大的不同，在於感官的體驗性，有意識地打開感官的體驗，將有助於生命的深厚，生活的豐富。

旅行中的故事

出門去旅行，尤其是自助旅行，最容易發生故事，很多預期中的事物，並未如期進行，在在考驗著自我與夥伴的關係。

我曾去巴黎旅行一個月，與我同行的朋友，是小說家甘耀明，我們有時結夥出門，有時獨自漫遊，有時按圖索驥找景點，有時漫無目的晃蕩，都有美麗的視野與事物出現。

我們在巴黎晃蕩夠久了，甘耀明突發奇想，問我是否願意搭最後一班地鐵離開住所，到巴黎瀏覽夜生活。我們手上有一本旅遊指南，其中有一家特別的酒吧，充滿人文氣息，是巴黎的大學生與文人喜愛之地，我們打算去那兒看看。

我們搭上最後一班地鐵，不讓自己有反悔餘地，無法半途折返回住所，打算在巴黎市街徹夜浪遊。我們在蒙馬特車站下車，上坡到聖心堂瀏覽夜景，看巴黎夜景的浪漫，這是個美好的開始，卻是當夜唯一的美好。

巴黎開始飄雨了，飄著細細濛濛的雨，我們即使不打傘也無妨，年輕的生命很浪漫，但是那一年巴黎的夏夜僅有十五度**C**，我們無法停下腳步，因為身體會感到寒冷。巴黎沿途沒有熟悉的**7-11**，沒有二十四小時的商店，冷清極了且有些危險，流浪漢與外國人聚集咆哮，我們始終找不到那家小酒館。夜裡又冷又餓又困乏，找不到任一個地方停留，找不到溫暖的所在棲息，快斷掉的雙腿又不能停，在巴黎像鬼打牆似地不斷迷路，又不懂如何以法語問路，沿路除了找懂英語的人士，就是指手畫腳地與人溝通不良。直到夜裡兩點鐘，我們終於找到旅遊書上地址，發現那只是尋常住家而已，而且大門早已深鎖。怎麼回事呢？經過再三確認旅遊書，才發現旅遊書是六年前出版，資訊可能早已過期了。

親愛的長耳兔，旅行途中遇到這種情況，幾乎令人吐血吧！我們只好重新在街頭行走。那麼深的夜裡，下著冰冷的小雨，兩個穿短袖的旅人，在巴黎的街頭晃蕩，心靈即將要崩潰了。這時候我們遇見兩個男人，以英語問我：「**Do you know Bruce Lee？**」

李小龍我當然知道，迅速地點了頭。

他繼續問我：「**Jackie Chan？**」

成龍我當然也知道，立刻微笑點頭。

其中一位老外，很興奮地對我說：「**Come on show me kung-fu！**」

我的天呀！還好當年《功夫熊貓》尚未出世，否則他們一定問我：「**Do you know Kung Fu Panda ？**」

這簡直是太荒謬了！我趕緊搖搖頭。沒想到兩位老外抬起我的手，熱情地要我握拳，幫我蹲著馬步，指導我做出功夫的動作！

三點的巴黎街頭，頂著冰冷的細雨，李崇建在街頭表演功夫？

沒想到這只是前奏曲，我感覺下體被侵犯了，才恍然自己正被性騷擾。那真是恐懼的剎那，我趕緊拔腿狂奔，沒命地奔跑過幾個巷弄，終於看見有人出入的店家，縮在角落喘息。緊接著，甘耀明也跑過來了，我驚魂未定地說：「好可怕呀！」

甘耀明非常淡定地說：「不會呀！」

是呀！被騷擾的不是他，是我呀！

隨後我們走到巴黎市政廣場，那裡有員警巡邏，我們等待天亮回家。但是夜太寒冷了，我們瑟縮著身體發抖，只好不斷地跳著，甚至兩人坐在階梯前吐口水，比賽誰吐得較遠，也讓身體發熱，比較不會寒冷。

就這樣撐到凌晨，我們走到巴士底監獄車站，和一群中東人士在一起，其中不乏醉醺醺的人士，他們奇異地看著我，我也奇異地看著他們，等待黎明第一班地鐵。

我們不只是發生這件事。日後我們從巴黎到夏特爾市，也因為晚餐吃得太晚了，錯過最後一班地鐵，只好睡在夏特爾市火車站，好心的站務員還給我們一間休息室；我們在巴黎翻華人報紙，看見去荷比盧三國的旅行團，三天兩夜的行程，四星級酒店，只要三千元台幣，一同自助旅行的老師勸我們別去！但是我們自信能分辨詐騙集團，最後真以三千元台幣就遊歷三個國家；我們租車到德國旅行，在海德堡遇見來搭訕的韓國女孩，還以為我們是英語教師！發生了無數難得的經歷。

我發現沒目的的浪遊，帶給我一種學習，對於未滿足的期待，也有更多的寬容與創造，也更懂得發現周遭的美麗，經歷更多美好的故事，當然也顧慮了安全的情況。

一年後，我又到東京住一個月，因為資訊與經驗的累積，找到一天三百元台幣的旅店，還有冷氣、浴室、冰箱與廚房；從東京坐火車到箱根山腳，在坐船抵達箱根之前，最廉價的國民賓館客滿，因而決定即使睡火車站也接受，竟然找到更廉價的民宿，享受日本民居的純樸生活。我發現隨著浪遊的經驗，我更懂得應變、創造、吃苦，也安然欣賞每一個故事，我看世界與人生的胸懷不同了。

這加強了我面對世界，面對工作的應變能力，對於人也有更多的好奇，也有更多的接納出現。

浪遊隨時進行

浪遊的意思，是不受約束的旅行，打開感官的體驗，看自己所經驗的故事，不一定要出國旅行才能達成。

每天上學的路程，若能夠變換一下路徑，假設自己是個旅行者，專注觀看一樣小事物，覺察其中的趣味，這都是小小的浪遊。又或者找一小段時間，半個小時或者一個小時，在家附近的巷弄或者小公園，來一段旅行者的探索，好好地看看我們的周遭，打開感官去體驗，好奇有何故事會發生，這也是美好的浪遊經驗。

當你要出國旅行，無論是自助或者跟團，都可以打開感官，並且蒐集一些故事回來，我想聽聽你帶回來的故事，以及你進行浪遊的經驗。

開啟感官專注當下而不神遊的

阿建

25.

好學的長耳兔：

人的一生都在學習，閱讀是最容易的一種方式。因此培養閱讀習慣，被視為終身學習的一部分，良好的閱讀習慣，使人生命豐富、生活美好。

因為科技文明進步，現代人的學習管道增加，閱讀的媒介不止於紙本，還有電子書、網路、手機……人們可能時刻都進行閱讀活動，卻因為太容易進行了，使得閱讀變得隨興，而缺少了專注的品質，資訊太大量而不知如何判斷，也缺少閱讀的方法。

我小時候閱讀傳記，讀到美國總統林肯童年熱愛閱讀，每天到圖書館讀書，有一位老者觀察他甚久，告訴他讀書須有系統，若是隨意亂讀書，知識會變得零散而無法積累。林肯從此以後，便開始有系統地讀書，終於成為偉大人物。

我不知道傳記是否真實，也不知林肯如何系統性地閱讀，亦不確定系統讀書與偉大之間的關聯。但是我可以確認的是，閱讀需要一些方法，當我有方法的閱讀，日積月累，便看見影響力。

閱讀需有判斷力

資訊大量充斥的時代，各種說法都有道理，比如有報導說喝咖啡有害健康，並舉出各種數據佐證；也有營養師寫一天一杯咖啡，不會危害身體，反而更健康；更有醫師說明，一天三杯咖啡都健康，不要過量即可。

哪一個才是對的呢？還是統統都對？或者統統都錯誤？當我仔細閱讀報導的資訊，發現他們提供的分析數據，各有不同的取向，如何養成判斷力呢？

你還是個學生，除了功課之外，閱讀的內涵大多以故事為主，讀故事也可以訓練判斷力。

很多人透過故事去講述一個道理，但是故事與道理之間，是作者設定的聯繫方式，並非肯定的答案。比如我在信裡講的故事，也有想要傳達的道理，但與其他人想的道理並不相同。

讀過下面這個傳統故事嗎？

有個富翁有七個孩子，但是七個孩子各行其是，不懂得團結合作，讓富翁感到很苦惱。富翁深怕有天亡故了，七個孩子分崩離析，不懂得互相幫忙，那該如何是好？

有天，富翁將七個孩子找來，給他們一人一根筷子，要他們將筷子折斷。七個孩子輕易地將筷子折成兩半，富翁點頭稱許之外，另外拿了一捆筷子，共有七根筷子綁在一起，要孩子將筷子折斷。七個孩子輪流試了一次，始終無法將一捆筷子折斷，富翁這時捻著鬍子說：「這樣你們明白了嗎？一根筷子的力量很小，七根筷子合在一起，力量便大了許多。」

故事在這兒結束了。

故事結尾處，寫了一段寓意：這個故事告訴我們「團結力量大」。

我小時候讀這個故事，並不覺得好看，覺得頗為無聊。那要如何從故事裡，學會判斷力呢？

通常去問「為什麼」，是一個好的方法。問「為什麼」的同時，也能夠自己深入思索。

為什麼富翁會用筷子測試呢？孩子為什麼這麼聽話呢？互相幫忙一定是好的嗎？若是做壞事互相幫忙呢？如果是貧窮的父親，也會擔心孩子不團結嗎？是不是富有的子弟，比較不想團結？他們兄弟的關係不好，也許才是原因吧！並不一定是不想團結。要折斷筷子，需要用到團結嗎？……

從簡單的故事裡，提出思辨的可能，便是訓練判斷力的一個方式。從一個故事，你可以想到多少個為什麼？可以提供多少自己的意見？

創造的力量

我們閱讀書籍，看作者透過創作表達思想、感情與故事，一般人在閱讀時，腦袋中有畫面、心思與情感都被牽引，進入創作者的精心安排之中。不妨在閱讀的過程，讓自己成為一個創作者，在閱讀作者創作時，思索自己會如何創作？

比如七根筷子的故事，有人這樣創造：

富翁有七個孩子，但是孩子從來不互相扶持，讓富翁感覺困擾，想著龐大的家業會不會守不住？

在一個滂沱大雨的夜裡，富翁端著一碗泡麵，坐在窗前看著雨夜的動態，發現村子裡淹水了，家家戶戶互相幫忙，協助彼此脫離水患。富翁的居家地勢較高，因此不被水患影響，但是富翁看了這一幕，感嘆別人懂得互助合作，為何自己的孩子們不懂呢？想到此處，他心裡突然緊了一下，手中的衛生筷應聲折斷。富翁看見脆弱的筷子，覺得自己的孩子彷彿筷子，不懂團結的後果，就是勢單力薄呀！富翁決定要孩子們回家，好好為他們上一課。

孩子們回來了。富翁給他們一人一根筷子，要他們折斷筷子。

老大第一個不願意，質疑為何要折斷筷子？

富翁很生氣說：「要你折，你就折，為何你總是這麼多問題？」

老大也不高興地說：「為何你總是命令我，又不說明原因？」

富翁更生氣了：「你先折斷，我再告訴你，難道不行嗎？」

老大嘀咕著：「每次都這樣！命令特別多！而且筷子不用錢嗎？何必這麼浪費？」

老大輕而易舉，將筷子折斷了。

富翁點頭說：「這樣就對了！現在給你七根筷子，把筷子折斷！」

老大又有意見了：「老爸！你現在有錢了，就可以這麼浪費嗎？折筷子好玩嗎？你不是要說明原因？」

富翁生氣地說：「你廢話怎麼這麼多？這一次折完，我就會告訴你了。」

老大搖頭嘆息，不想爭辯的他，拿起七根筷子，乾脆俐落地一聲「啪！」筷子應聲折斷了。

富翁傻眼了，喃喃自語說：「想不到老大力量這麼大呀！」

老大聽見了，落寞地說：「你從來都不瞭解我吧！」

富翁這才回過神來，沉吟了一下，拿出十四根筷子，要老大折斷。

老大非常不耐煩地說：「要折多少根筷子？能不能一次拿出來？」

富翁點點頭，心想再大力氣也折不斷七十根筷子吧！因而一口氣拿了七十根筷子出來，遞到老大的手上。

老大正眼也不瞧一眼，雙手一掰，七十根筷子應聲斷了：「你可以告訴我了吧？為何折筷子？」

富翁失了神說：「我要你們明白，團結力量大的道理。」

老大回應說：「有能力的人，為何要跟別人團結呢？」

親愛的長耳兔，「有能力的人，為何要跟別人團結呢？」是應對著「團結力量大」的寓意，而發展出來的故事，這是創造力的細膩展現，雖然不與人團結，在強調互助合作的社會上，並非是一個好觀念，但是創造力的發展，本就是從大膽的嘗試開始。

也有人改編成完全相反的故事，我簡單呈現出來。

因為七個兒子不懂團結的重要，富翁要他們回家，拿出一根筷子要老大折。老大對著筷子折了半天，怎麼都折不斷！老二接手過來，也是折不斷！老三問富翁：「這是什麼材質的筷子？」富翁沒好氣地說：「脆弱的衛生筷！用力折斷它！」

沒想到從老大到老六，無人能折斷一根筷子。聰明的老七說話了：「哥哥們！我曾看過七根筷子的故事，講的是團結力量大，不如我們共同折斷一根筷子吧！」

因此七個孩子，各分出手來，打算團結合作，折斷一根筷子，富翁則在一旁加油。七個孩子折了五分鐘，終於聽見啪一聲，斷了。

不過，是大哥的手斷掉了！

寓意：一群蠢材，就算是團結，力量也不大吧！

為了思辨，創造出一則呼應的故事，顯示閱讀過程中，不只當一個讀者，也可以當一個創造者，閱讀就更有趣，收穫也更多了。

長耳兔，你可以改編成什麼樣的故事呢？

停頓、參與、選讀與重讀

閱讀一本書，尤其是故事書，閱讀者習慣被故事牽著走，忽略了文章中的詞句，忽略了故事創造的情境，也忽略了思想性。

有人閱讀很多書，卻不一定對寫作有幫助，也不一定從書中獲得好處，只是將故事當成是娛樂，像看一齣戲或電影一樣的娛樂，那就太可惜了。

閱讀一本書，要懂得停頓，不是一口氣讀完，比如在故事精彩處，停下來思考，若自己是創作者，可以怎麼樣發展呢？文章中的優美詞句，是否被忽略或者被跳過去呢？故事中生動的場景描述，又是如何讓我感同身受呢？

當閱讀的人懂得不被故事帶著走，而是停頓試著先創造故事，這就是閱讀者的參與；當閱讀者投入其中，對故事人物感同身受，這也是參與其中；感同身受之餘，還能發展出自己的意見與思維，這樣的參與就更深刻了。

我這十年來，每年閱讀的書籍超過一百本，若是閱讀小說、故事，我會停頓下來，深入地參與，讓自己既是閱讀者，又是創作者，也是評論者。

我閱讀的書籍中，目前最大量的是文學、心理學與教育書，我有意識地選擇閱讀，因為我目前對這類書有興趣，先上網搜尋書籍評論，到書局翻翻書，再將挑選的書買回家，而且我會閱讀數次，依照我的習慣畫線、筆記與註記，重讀的過程讓我更深刻學習。我選讀的著作，每年都會有一些科普書籍，比如我剛閱讀完《動物的武器》、《第六次大滅絕》，從生物學上獲得很多心理學與教育的靈感。

為何我閱讀的類別廣泛？因為長年的閱讀，使得我對很多事物都保有好奇。比如近日發現的重力波，證實了愛因斯坦廣義相對論預言，我會好奇地想要搞懂，在翻查網路資訊的過程，想起以前閱讀過的《萬物簡史》，便又重新取出閱讀。

選擇重要的書、自己喜歡的書來閱讀，是我這些年來的習慣。對於有益的書，反覆重讀數次，也是我近年的習慣。我發現思維因此變得寬闊，專業知識也變得精深許多，比如我僅大學畢業，大部分學問都是靠閱讀而來，我有了最佳的學習利器。

親愛的長耳兔，我也邀請你試試看，選擇重要的書閱讀，並且能夠重讀，而且懂得停頓參與，閱讀將變得美好，人生也隨著美好了。

廁所與浴室都擺著書的

阿建

書中自有黃金屋。
但媽媽說，
看書要專心，上廁所也要專心。

心教
點燃每個孩子的學習渴望
李崇建 著
每個孩子內心深處都有一份渴望，想成為更好的存在。
我們要做的，就是點亮它。
一本結合了豐富的「諮商專業」與「教育現場」，幫大人重整內在、讓孩子情緒不暴走的教育書！

國家圖書館預行編目資料

心念——25堂從情緒引導學習的內在課程／李崇建著. --初版. --臺北市:寶瓶文化, 2016. 4
面； 公分. --(Catcher；082)
ISBN 978-986-406-051-1（平裝）

1. 青少年心理 2. 青少年問題

173. 2　　105005934

Catcher 082

心念——25堂從情緒引導學習的內在課程

作者／李崇建

發行人／張寶琴
社長兼總編輯／朱亞君
副總編輯／張純玲
資深編輯／丁慧瑋　編輯／林婕伃
美術主編／林慧雯
校對／賴逸娟・陳佩伶・劉素芬・李崇建
營銷部主任／林歆婕　業務專員／林裕翔　企劃專員／李祉萱
財務／莊玉萍
出版者／寶瓶文化事業股份有限公司
地址／台北市110信義區基隆路一段180號8樓
電話／(02) 27494988　傳真／(02) 27495072
郵政劃撥／19446403　寶瓶文化事業股份有限公司
印刷廠／世和印製企業有限公司
總經銷／大和書報圖書股份有限公司　電話／(02) 89902588
地址／新北市新莊區五工五路2號　傳真／(02) 22997900
E-mail／aquarius@udngroup.com

法律顧問／理律法律事務所陳長文律師、蔣大中律師
如有破損或裝訂錯誤，請寄回本公司更換
著作完成日期／二〇一六年
初版一刷日期／二〇一六年四月二十五日
初版二十七刷+日期／二〇二四年一月五日
ISBN／978-986-406-051-1
定價／三〇〇元

愛書人卡

感謝您熱心的為我們填寫，
對您的意見，我們會認真的加以參考，
希望寶瓶文化推出的每一本書，都能得到您的肯定與永遠的支持。

系列：Catcher 082　**書名：心念——25堂從情緒引導學習的內在課程**

1. 姓名：＿＿＿＿＿＿＿＿　性別：□男　□女

2. 生日：＿＿＿年＿＿＿月＿＿＿日

3. 教育程度：□大學以上　□大學　□專科　□高中、高職　□高中職以下

4. 職業：＿＿＿＿＿＿＿

5. 聯絡地址：＿＿＿＿＿＿＿＿＿＿＿＿＿＿＿＿＿＿＿＿

   聯絡電話：＿＿＿＿＿＿＿＿　手機：＿＿＿＿＿＿＿＿

6. E-mail信箱：＿＿＿＿＿＿＿＿＿＿＿＿＿＿

   □同意　□不同意　免費獲得寶瓶文化叢書訊息

7. 購買日期：＿＿＿年＿＿＿月＿＿＿日

8. 您得知本書的管道：□報紙／雜誌　□電視／電台　□親友介紹　□逛書店　□網路　□傳單／海報　□廣告　□其他

9. 您在哪裡買到本書：□書店，店名＿＿＿＿＿　□劃撥　□現場活動　□贈書　□網路購書，網站名稱：＿＿＿＿＿＿　□其他＿＿＿＿＿

10. 對本書的建議：（請填代號　1. 滿意　2. 尚可　3. 再改進，請提供意見）

    內容：＿＿＿＿＿＿＿＿＿＿＿

    封面：＿＿＿＿＿＿＿＿＿＿＿

    編排：＿＿＿＿＿＿＿＿＿＿＿

    其他：＿＿＿＿＿＿＿＿＿＿＿

    綜合意見：＿＿＿＿＿＿＿＿＿＿＿＿＿＿＿＿＿＿＿＿＿＿＿＿

11. 希望我們未來出版哪一類的書籍：＿＿＿＿＿＿＿＿＿＿＿＿＿＿

讓文字與書寫的聲音大鳴大放

寶瓶文化事業股份有限公司

（請沿此虛線剪下）

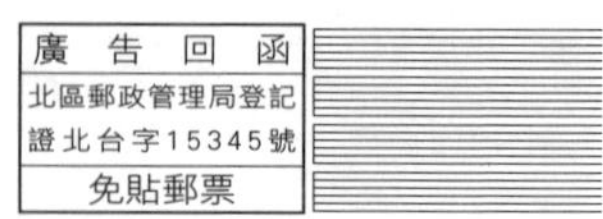

寶瓶文化事業股份有限公司　收

110台北市信義區基隆路一段180號8樓

8F,180 KEELUNG RD.,SEC.1,

TAIPEI.(110)TAIWAN R.O.C.

（請沿虛線對折後寄回，或傳真至02-27495072。謝謝）